电子商务创新发展研究

刘莉萍◎著

吉林出版集团股份有限公司
全国百佳图书出版单位

图书在版编目（CIP）数据

电子商务创新发展研究 / 刘莉萍著 . -- 长春：吉林出版集团股份有限公司, 2023.3
 ISBN 978-7-5731-3100-3

Ⅰ . ①电… Ⅱ . ①刘… Ⅲ . ①电子商务 – 研究 Ⅳ . ① F713.36

中国国家版本馆 CIP 数据核字（2023）第 051177 号

电子商务创新发展研究
DIANZI SHANGWU CHUANGXIN FAZHAN YANJIU

著　　者	刘莉萍
责任编辑	李　娇
封面设计	李　伟
开　　本	710mm×1000mm　　1/16
字　　数	220 千
印　　张	13.25
版　　次	2023 年 3 月第 1 版
印　　次	2023 年 3 月第 1 次印刷
印　　刷	天津和萱印刷有限公司

出　　版	吉林出版集团股份有限公司
发　　行	吉林出版集团股份有限公司
地　　址	吉林省长春市福祉大路 5788 号
邮　　编	130000
电　　话	0431-81629968
邮　　箱	11915286@qq.com
书　　号	ISBN 978-7-5731-3100-3
定　　价	80.00 元

版权所有　翻印必究

前　言

　　电子商务继承了互联网经济的本质特征，以商业模式和互联网的叠加融合来实现其创新的功能，是商业在互联网时代的模式创新。经过多年的尝试和探索，我国电子商务已经形成了较为稳定的市场格局，电子商务服务平台为电子商务的发展提供了广阔空间，尤其是为初涉电商的企业，特别是中小企业提供了综合性的服务。电子商务与我国传统产业结合并进行功能性创新，已经成为我国国民经济增长的重要创新点，在促进经济增长、帮助传统产业升级、带动相关产业发展、促进就业、改进民生、转变发展思维等方面发挥着重要作用。中国已经进入重要的转型期。中国在经历了社会制度转型与经济体制转轨后，又面临着转变发展方式这一历史重任。要想彻底解决我国在经济发展中产生的深层次矛盾与问题的战略选择，就必须将加快转变发展方式摆在重要位置，这也已经成为我国当前与今后较长时间内全局性的重大任务。以电子商务为代表的信息生产力在推动发展方式转变中，作用突出、责任重大，已经成为经济增长的倍增器、发展方式的转换器和产业升级的助推器。

　　本书第一章为电子商务的基本知识，分别为电子商务概述、电子商务的理论基础与基本模式解读、电子商务系统建设和电子商务的应用四个方面内容；第二章为电子商务的安全性，主要介绍了三个方面的内容，依次是电子商务的安全概述、电子商务的安全管理和电子商务与法律；第三章为电子商务技术的发展，分别介绍了四个方面的内容，依次是信息化基础设施与信息处理技术、网民基础与网络技术、电子商务的发展新动力和电子商务的发展趋势展望；第四章为电子商务的商业模式创新，依次介绍了 B2C 电子商务商业模式创新、C2C 电子商务商业模式创新、B2B 电子商务商业模式创新、O2O 电子商务商业模式创新和 C2M

电子商务商业模式创新五个方面的内容；第五章为电子商务的电子营销创新，主要介绍了七个方面的内容，分别是搜索引擎营销、网络广告营销、电子邮件营销、微博营销、微信营销、短视频营销和直播营销；第六章为电子商务的电子金融创新，分别介绍了电子支付及电子货币、电子银行、网上证券与网上保险四个方面的内容。

  在撰写本书的过程中，作者得到了很多单位、学者的帮助和指导，参考了大量文献。在此，向相关单位、学者表示诚挚的感谢！由于作者水平所限，若书中有疏漏之处，恳请读者朋友们予以指正。

刘莉萍

2022 年 7 月

目 录

第一章 电子商务的基本知识 ... 1
- 第一节 电子商务概述 ... 1
- 第二节 电子商务的理论基础与基本模式解读 ... 11
- 第三节 电子商务系统建设 ... 23
- 第四节 电子商务的应用 ... 27

第二章 电子商务的安全性 ... 42
- 第一节 电子商务的安全概述 ... 42
- 第二节 电子商务的安全管理 ... 49
- 第三节 电子商务与法律 ... 55

第三章 电子商务技术的发展 ... 65
- 第一节 信息化基础设施与信息处理技术 ... 65
- 第二节 网民基础与网络技术 ... 69
- 第三节 电子商务的发展新动力 ... 79
- 第四节 电子商务的发展趋势展望 ... 84

第四章 电子商务的商业模式创新 ... 88
- 第一节 B2C 电子商务商业模式创新 ... 88
- 第二节 C2C 电子商务商业模式创新 ... 93
- 第三节 B2B 电子商务商业模式创新 ... 98
- 第四节 O2O 电子商务商业模式创新 ... 100
- 第五节 C2M 电子商务商业模式创新 ... 112

第五章 电子商务的电子营销创新 ··· 128
第一节 搜索引擎营销 ··· 128
第二节 网络广告营销 ··· 131
第三节 电子邮件营销 ··· 136
第四节 微博营销 ··· 138
第五节 微信营销 ··· 139
第六节 短视频营销 ··· 141
第七节 直播营销 ··· 146

第六章 电子商务的电子金融创新 ··· 153
第一节 电子支付及电子货币 ··· 153
第二节 电子银行 ··· 172
第三节 网上证券 ··· 178
第四节 网上保险 ··· 189

参考文献 ··· 201

第一章 电子商务的基本知识

本章为电子商务的基本知识,共分为四部分,第一部分为电子商务概述,第二部分为电子商务的理论基础与基本模式解读,第三部分为电子商务系统建设,第四部分为电子商务的应用。

第一节 电子商务概述

一、电子商务的背景

电子商务并不是一个新兴的事物,但直到近几年来才被人们所接受,因为早在1839年电报出现的时候,人们已经开始慢慢了解这一手段,并通过电子商务的模式做生意,当然那个时候没有人想到这种交易的模式就是电子商务,也没有人对电子商务的概念进行界定,主要是因为那个时候电子商务的商业活动还没有被大多数人接受,支持电子商务交易发展的环境和条件在当时还没有完全形成。直到20世纪八十年代,随着计算机和网络技术的逐步发展,日益复杂的网络计算环境为电子商务的生存和发展创造了环境,同时也在一定程度上表示着电子商务将成为未来重要的商业发展"领头人"。在这些信息的基础上,电子商务的概念应运而生。

计算机网络是电子商务产生和发展的先决条件,可以说,没有计算机网络的发展壮大,电子商务就无法产生。电子商务的发展是多方面的,最初的电子通信设备,如电话、电报,到如今的电子邮件,以及电子数据交换的出现,这些内容都属于电子商务的范围。

电子商务的发展是不可避免的时代潮流。一方面，手工处理信息是传统商业发展的基础；另一方面，传统商业为了扩大发展的范围，主要通过纸上文本进行信息交流。随着商业的发展和复杂化，信息量与日俱增，信息的处理对人们的计算能力提出了较大的挑战，由于重复性工作和额外成本大幅增加，出错的可能性提升，人们迫切需要一种更方便和现代化的处理手段，以确保商业交易可以提高效率，尽可能更快地进行。其次，计算机技术的发展和普及带动了通信技术进步和使用频率，推动了电子数据交换和互联网等新信息技术的发展，同时，世界逐渐进入了自动化计算的新时代，这为电子商务的发展创造了条件。电子商务的出现和发展的重要条件包括以下五点内容：

第一，经济全球化带来的影响。经济全球化是指世界经济在生产、分配和消费方面共同发展的趋势。经济全球化的趋势对跨国企业的发展有着直接促进作用，与之对应的国际商业活动也越来越多，因此，国际贸易在各国经济发展中发挥着越来越重要的作用。

经济的全球化迫使人们不断寻找新的方法来适应国际贸易对商业活动的频繁影响，电子商务就是在这种趋势下出现的。电子商务以其独特的优势，正在成为新一轮经济变革中不可忽视的中坚力量，在国际商务中发挥着不可忽视的作用。

第二，计算机和网络技术不断地发展被大众所接受并且得到实际的应用。经过几代人的发展，计算机的运行速度逐渐适应了时代发展的需求，而且引领着时代的发展，计算能力不仅越来越强，价格也越来越被大众所接受，同时计算机的普及范围也得到了扩展，这为电子商务的发展和应用提供了前提。国际互联网的不断发展使计算机逐渐转变为一个全球性的交流和交易工具，世界互联网用户数量迅速增长，为发展快速、安全、廉价的电子商务铺平了道路。

第三，信用卡和电子融资得到了广泛的使用。信用卡已经成为人们进行消费支付的重要手段，因为它具备方便、快捷、安全等诸多优点。一方面，建立了一个全球范围的信用卡计算机网络支付系统；另一方面，建立了一个全球信用卡计算机网络结算系统。这使人们只要有卡就可以在世界各地旅行而免受不同货币的约束，同时，信用卡已经成为一个重要的工具，可用于电子商务的在线支付功能。许多银行都意识到了电子商务的巨大潜力，并逐渐推出了支持网上交易的电子金融服务，商业技术安全方面的许多问题通过电子银行的发展得到解决，而电子银行的发展也成为推动电子商务进一步发展的重要驱动力。

第四，电子安全交易协议的签订和安保科技的发展。电子安全交易协议于1997年5月31日首次发布，电子安全交易协议是由美国VISA和万事达国际组织及其他组织联合开发的协议，这一协议此后被大多数制造商接受和支持。电子安全交易协议为以互联网为通信渠道的电子商务创造了一个重要的可交易环境，这个环境的安全性能得到一定程度的保障。计算机和网络安全技术的不断进步，是电子商务不断扩大发展的基础和前提。这里所指的网络安全技术主要包括数据库技术、动态网络技术以及加密和防火墙技术。

第五，有关政府部门的支持和促进作用。自美国《全球电子商务纲要》公布以来，电子商务已被世界各国广泛接受。从那时起，许多国家就开始寻求"网上购物"这一方式，这一流行趋势在很大程度上促进了电子商务的普及。各个国家积极发展电子商务，创造良好的生活环境，保证电子商务的合法性和长期发展，并制定一些法律规范和技术标准，使其成为电子商务的标准核心。

二、电子商务的概念

电子商务是指基于互联网的，面向全球、跨越时空、跨越地域的新商业贸易模式，在高速发展的互联网、物联网技术和安全技术的背景下，基于浏览器、服务器（B/C）的应用方式，交易各方通过互联网进行各种商贸活动。在安全保护的前提下实现网络购物、网络销售、网络支付等各种商业交易或提供综合服务，例如，信息交流、资本流动和物流服务等。这是一种全新的商业运营方式，更加方便、新颖和安全。我们可以从以下四个方面对其进行理解：

第一，电子商务是商务信息化的先决条件。电子信息技术以计算机为工具，主要围绕人类智力的发展和获取一定知识能力等目的，对自然知识、社会、人文信息进行收集、存储、处理、分配和传输。

第二，电子商务是基于现代电子工具进行发展的。现代电子工具是既具备先进的技术，又有相对较低的成本；既有先进高效的功能，又相对安全可靠、易于使用的电子工具。从系统的角度来看，地方、区域和宽带网络需要纵向和横向连接来创建一个安全、可靠、灵活和方便的系统，以支持微观和宏观层面的商务活动。

第三，电子商务的开展要围绕人类的活动。作为一个社会性的商务系统，电子商务必然是以人为本的。过去，人们对电子商务的概念认定集中在电子工具及电子装配线上，忽视了"人"这个主体所具有的知识和技能的作用。只有人才能系统地使用电子工具的相关技能，所以电子商务专业人员必须掌握现代的信息技术，并有最新的商业技能。

第四，电子商务的交换基于信息化的商品和服务的交换。传统的商务活动主要包括货物的实际交换。相比之下，电子商务活动首先在于将实物的商品虚拟化，以产生信息化虚拟商品；其次是对虚拟商品进行分类、存储、处理和传输等。

电子商务系统中的组成部分主要包括以下方面：

第一，消费者（用户），即使用电子商务方式进行商品和服务消费的组织、个人或潜在的组织与个人。

第二，经营者（商家），使用电子商务方式进行商品和服务销售的企业和个人。

第三，专业的认证机构。认证机构为了电子商务模式的开展而展开双方网上信息的认证，包括双方网上身份证书的认证、颁发和管理，通过信息认证来保障基于互联网的电子商务交易双方信息的真实性和正确性，以保障交易的正常开展，因此认证机构是不以营利为目的、体现公平性、公正性的第三方服务性的非营利机构，也是电子商务系统中必不可少的重要机构。

第四，支付中心（支付机构）。支付中心和认证机构一样，也是属于第三方的服务机构，服务的主要内容包括实现电子商务交易双方资金的往来和支付。

第五，物流配送中心。物流配送中心的主要作用是实现交易商品的物流运输，从经营者手中承接交易的商品，进行商品的集聚和发送，快速、便捷地将交易的商品安全地运送到消费者手中。同时，对商品进行严格安全的保障和跟踪，让消费者和商家可以即时和动态地监管商品的流向。

第六，电子商务服务机构。电子商务服务相关机构的主要作用是将相关服务外包给商家，为参与电子商务交易的双方提供专业的电子商务服务，重点是应用服务和内容服务。

三、电子商务的类型

（一）按服务对象分类

电子商务是一种包含许多交叉学科内容的经济活动。交易者将互联网作为一种手段，通过多个环节和步骤，在几方互动与合作的基础上实现交易的目标。我们可以根据不同方面对电子商务进行分类，例如，交易方、商品种类和使用的网络种类。受到广泛认可的分类方法是按交易的参与者进行分类，在这种分类的基础上，电子商务可被分为五个主要类型：B2C（企业与消费者间的电子商务模式）、B2B（企业与企业间的电子商务模式）、C2C（消费者与消费者间的电子商务模式）、B2G（企业与政府间的电子商务模式）和C2G（消费者与政府间的电子商务模式）。

1. 电子商务模式就是企业对消费者的模式（Business To Customer，B2C）

这种类型的电子商务模式在互联网上开展在线零售活动为主要内容，企业（商家）通过互联网直接向消费者销售商品或提供服务，两者以网络为载体进行电子化的交易。例如，天猫商城、当当网、卓越网等企业在互联网上建立网站形式的网上商店，利用互联网的双向交流通信功能，支持消费者进行网上购物。B2C电商模式解决了中间商的问题，也解决了交易时间和交易空间的问题，大大降低了交易的成本，也大大提高了交易效率，因而得到了人们的广泛接受，近年来其发展极为迅速，已成为一种新的零售业态。此外，在互联网上出售的商品更加全面，从最早的书籍、音像制品，到服装、化妆品、食品，甚至电器、汽车等，几乎包括了所有的消费品。

2. 企业对企业之间的电子商务模式（Business To Business，B2B）

B2B电子商务是指以互联网为媒介进行的企业与企业之间的电子交易，主要为批发原材料或成品，因此也被称为批发电子商务。这类电子商务涉及所有传统或新兴企业的供应、生产和销售过程，交易量大，占电子商务交易的绝大多数，未来发展潜力和经济效益极为显著，是电子商务应用和推广的重点和难点。这种类型的电子商务系统具有强大的实时自动业务处理能力，使企业能够可靠、安全、轻松、快速地进行商务的沟通服务活动，最终顺利完成交易。

3. 消费者对消费者（Customer To Customer，C2C）

这种类型的电子商务是指个人和个人之间通过互联网进行的电子交易，其思想源于早期的"跳蚤市场"，也是从支持二手货的流通入手，后来快速发展为个人网上开店、经商的新模式与途径。例如，淘宝网、拍拍网等第三方 C2C 平台网站，为个人经商提供了极大便利，任何人都可以"过把瘾"。此类电子商务经营门槛低，吸引了更多的社会公众参与，成为许多人网上创业的手段，可谓是当前最"火"的电子商务。但这种形式不易对经营者进行监管，网上个人卖家的信用风险总体偏高，这是此类电子商务存在的问题。

4. 企业对政府（Business To Government，B2G）的电子商务

顾名思义，B2G 电子商务模式就是指在互联网上进行商业交易的双方主体为政府与企业，例如，政府提供的一些商业服务，包括税收、海关、商品质量检查、采购、市场监督、商业管理等。一方面，政府的宏观调控、监督和管理职能，以及对企业服务问题的处理，可以对电子商务的形式进行更好的规范；另一方面，作为消费需求者，可以通过网络平台表达自己的需求，从而快速、高效、公平、公开地完成必要的采购和服务内容。电子商务的典型网站包括中国政府采购网、中国海关电子口岸网、中国商务部国际电子商务网等。

5. 消费者对政府的电子商务（Customer To Government，C2G）

这种类型的电子商务是指政府和个人之间信息化的贸易和业务，现在这类电子商务的实施越来越广泛，特别是伴随 5G 的发展，未来 C2G 的应用范围将会不断扩大。在 C2G 平台上，所有提供给个人的政府服务都可以来自一个地方，如个人数据的登记、户籍的管理，包括人口普查等功能，以及个人报税、社保等功能。随着我国社会经济的快速发展，个人的社会保障体系也会得到充分的完善，个人与政府之间的直接交易会越来越多，其他功能也可以在 C2G 平台上实现。电子商务模式在功能的广度和深度上都会得到充分的发展。

（二）按地域分类

电子商务按地域被分为以下三种：

1. 当地的电子商务

当地的电子商务交易区域规模较小，电子商务的实施对区域信息网络所提供的平台依赖比较严重。本地的电子商务系统不仅是全国范围电子商务发展的重要保障，也是全球电子商务发展的有力支撑。

2. 国内电子商务相关的远程商务

国内电子商务是指一个国家范围内的多种电子商务活动。鉴于交易范围相对宽泛，国内电子商务在软件、硬件和网络技术方面的要求是比较广泛的。为了实现电子商务的要求，信息的交流和资金的支付都可以在全国范围内进行，货物的交付也可以在不同地点完成，这就对交易双方提出了一定的要求，除了要有一定的电子技术能力、商业知识，还要有优秀的管理能力和治理水平。

3. 全球电子商务

全球电子商务是指在全球范围内进行的商业活动，交易活动主要通过互联网平台进行，不仅包括国际支付平台，还包括全球物流和其他系统平台。全球电子商务一方面要求互联网上的电子商务系统有足够的精度、安全性和一定的稳定性；另一方面，全球电子商务的运作不仅要符合国际惯例，而且要符合国际标准。

（三）按交易形式分类

根据交易的类型，电子商务可以分为以下两种：

1. 间接电子商务

间接电子商务是在网上订购实体商品，通过向买方交付实物产品来实施的，物流系统不同，交付的方式也不尽相同。一般来说，间接电子商务是通过第三方物流公司进行的，旨在确保产品的交付。

2. 直接电子商务

直接的电子商务活动是提供无形的商品和服务。一般来说，有形商品的交易受物流配送的影响较大，而虚拟商品可以在各种时间和天气下配送，不受路程和天气等各种因素的影响。直接电子商务平台以虚拟的货物和计算机软件为基础，通过互联网进行订购、支付和交付。

四、电子商务的特性

(一) 虚拟性

电子商务活动和电子商务交易都在网上完成。因为互联网是一个数字的电子虚拟市场,所以信息的交流不会受到地点和天气等因素的制约,可以进行在现实市场上无法进行的交易,这是电子商务的优势之一,也是其迅速发展的原因之一。

互联网技术是电子商务发展的基础,交易过程大都是在互联网上进行的,包括参与交易活动的双方签订购买合同和支付交易。商品供应商可以通过电子商务交易平台销售商品,而消费者可以使用通信工具与商品供应商及时进行网上交流,这样双方就可以在网上进行沟通并签订购买合同和付款。电子商务是一种基于信息技术的业务,需要使用计算机网络技术来进行信息的交换和传递。因此,电子商务、计算机技术和信息技术的发展是密切相关的。

(二) 便利性

以往的商业活动可能受到地点和天气等因素限制,但电子商务消除了这些制约因素。供应和需求的相关信息可以通过互联网被传递到世界各地,形成一个非常庞大的市场。电子商务并不限制买卖双方的时间和空间,还可以简化烦琐的交易过程,使交易更加方便,企业一方可以对自身的服务进行完善和发展,同时供求的信息可以被传到互联网上。电子商务中商品和资本的快速流动,包括电商部门的激烈竞争,都为电子商务的发展提供了非常强大的推动力,而这种推动力是由市场中不断变化的、内容繁多的信息形成的。

(三) 安全性

电子商务的安全问题是电子商务要着重注意的一个安全隐患,要求电子商务交易双方确保交易的保密性,并使用加密的安全验证、防火墙的保护等方式。这也是电子商务和传统商业之间存在的不同。互联网作为一个虚拟的媒介,本质上是开放的。电子商务是基于互联网的发展而发展的,所以电子商务的安全保证和互联网的开放程度是息息相关的。在电子商务活动中,网络运营商要为客户或者使用者提供安全的方案,以确保电子商务在进行过程中的安全,并确保交易双方的资产得到保护。

（四）高效性

极高的效率是电子商务的一个关键特点。通过电子商务，买家和卖家可以更有效、更容易地进行交易，信息交流的效率与商业竞争的成败相关。互联网的快速发展和普及使人与人之间的联系变得非常紧密，电子商务的发展也使买方和卖方之间的信息交流更加有效。然而，电子商务需要现代计算机和互联网技术的支持，技术和设备也需要不断升级，因此企业需要改进技术和设备，提高效率、提升电子商务的功用，从而实现交易效率和利润的最大化。

（五）集成性

电子商务的特点是提高集成的功能，这主要体现在电子商务问题处理的标准化工作流程上。一方面，电子商务整合了手工操作和电子信息处理的功能，从而使交易的处理严格遵守规范。整个业务是一个由供应商、批发商、零售商和客户不断推进的过程。另一方面，电子商务需要平台、服务商、消费者和政府部门之间的协调，以确保电子商务运作的顺利进行。电子商务活动的各方面都需要各主体之间不断沟通。例如，企业单位的每个部门和员工需要进行合作，企业和客户需要交流意见，企业和企业需要进行协调，企业和公共部门需要配合工作，分销公司、电子商务技术部门、通信部门和金融机构之间也需进行合作，这样才能不断提高电子商务的工作效率，才能将电子商务的特点完美地呈现出来。

（六）扩展性

电子商务处在高速扩展期，平台具有非常大的流量，每天一个平台有很多用户使用，大量的用户可以同时对同一产品进行查看。电子商务平台对后台服务的改进是建立在电子商务繁荣发展、使用电子商务平台的用户数量持续增加的基础上的，通过不断改进后台服务，以及满足提高访问速度的要求，提高用户的满意率。为了保证电子商务的可靠性，系统服务必须是可扩展的。在使用高峰期，通过扩大系统规模可以帮助访问用户解决拥堵问题。在电商活动期间，即使是一分钟的拥堵也会损失大量的用户。

（七）服务性

电子商务扩大了市场的覆盖范围，从而能吸引更多的用户。通过将互联网的数据与公司的数据库联系起来，企业可以获得访问网站的用户数量、销售记录、用户的购买模式和浏览偏好等信息，这有助于提高企业的产品和服务的质量。有了这些信息，公司可以分析用户的需求，并为他们提供定制化服务。在电子商务活动中，人们的销售活动不再受天气和地点等因素的限制，只需简单的操作就能进行烦琐的交易。通过电子商务的平台，企业可以直接与消费者联系，可以提高服务水平，进行及时反馈。

电子商务的方式为消费者提供了更多的购物方案。在以往的商业模式中，消费者必须货比三家，而通过电子商务的模式，消费者可以在更大的购物范围内比较和选择他们需要的商品。消费者不仅要比较商品之间的价格，还要比较商品和商家提供服务的质量。因此，参与电子商务这一技术发展的公司提供的服务质量将对未来的发展产生重大的影响。企业可以通过电子商务的平台对消费者提供各个方面的服务，给他们一个完整的服务体验。

五、电子商务的机遇

当前，我国电子商务处在由高速发展向高质量发展全面转型的关键时期，电子商务应适应形势、紧抓机遇、克服挑战、不断创新，在常态化疫情防控中继续发挥重要作用，坚持高质量发展主线，在助力形成国内、国际双循环相互促进新发展格局的过程中寻找新的发展空间。

第一，双循环新发展格局需要电子商务发挥融合畅通作用。电子商务将充分发挥创新能力强、资源配置优、数据挖掘效能高等显著优势，在构建新发展格局中发挥更大作用。一方面，电子商务将以产业融合为着力点，促进国内大循环提质增效。其一，与制造业融合，将使电子商务依托数字技术应用从消费端加速向生产端拓展，实现更大范围、更广领域、更深层次的线上线下融合，智能定制、新消费品牌等创新发展模式将进一步释放消费潜力。其二，与生活服务业融合，将持续提升教育、医疗、文娱、旅游等在线服务品质，依托5G、人工智能、虚拟现实等技术探索数字生活新模式、新场景。另一方面，电子商务将创新全球产业分工及协作方式，促进国内、国际双循环畅通。国内的各类产业以及第一产业等基地参与全球市场竞争的模式就是电子商务平台，而且凭借着跨境电子商务平台，培育外贸竞争新优势、稳固产业链、提升价值链。跨境电子商务、跨地域、跨时区的在线交易场景将进一步推动供应链的数字化、智能化，提高我国电子商务全球市场服务水平。丝路电商将继续加快全球布局，结合自身产业优势，塑造品牌、培育市场，促进跨境贸易和对外投资发展。

第二，想要实现高质量发展的理念，电子商务必须在创新方面发挥先锋模范作用。电子商务应在贯彻创新、协调、绿色、开放、共享发展理念，推动经济社会高质量发展中发挥引领作用。一是紧抓消费升级、技术革新与模式迭代，实现更大范围、更广领域、更深层次的融合创新。不断推动品质消费、品牌消费、时尚消费、个性消费、定制消费，带动产业链提质升级，满足人民群众对美好生活的向往。二是积极建设开放共享的电子商务发展环境，依法合规探索数据要素应用，推动产业可持续增长，推动电子商务服务资源跨企业、跨行业、跨区域开放共享，强化产业协作，促进区域协同发展。三是倡导绿色电子商务，推进绿色、低碳的发展模式，提升流通环节的绿色包装应用水平，提倡绿色低碳网购消费方式，构建有利于人与自然和谐共生的电子商务产业链。电子商务领域在把握发展机遇的同时，要做好系统风险研究与评估，严控网络安全、数据应用与个人隐私方面的风险，强化反垄断措施，防止资本无序扩张，确保电子商务领域全面进入高质量发展新阶段。

第二节　电子商务的理论基础与基本模式解读

一、电子商务的经济理论基础

严格来说，电子商务经济是信息经济的一部分。信息经济又称资讯经济、IT经济（信息经济）。信息经济作为信息革命在经济领域的表现和结果，是通过产业信息化和信息产业化两个相互联系和彼此促进的途径不断发展起来的。信息经济是我国经济发展过程中产生的一种新型经济，这种新型经济以高科技（如现代信息技术）作为发展的物质基础，以信息、知识与智力作为经济形态的主要内容。其中，信息产业在这种经济业态中占据非常重要的作用。如果说在工业经济中，钢铁、汽车、石油化工、轻纺工业、能源、交通运输、通信等传统产业部门扮演着重要角色，那么在信息经济中，居重要地位的则是芯片、集成电路、电脑的硬件和软件、光纤光缆、卫星通信和移动通信、数据传输、信息网络与信息服务、新材料、新能源、生物工程、环境保护、航天与海洋等新兴产业部门。同时，科技、教育、文化、艺术等部门通过产业化变得越来越重要。这种信息经济的发展，不仅不会否定农业经济、工业经济、服务经济的存在，相反，利用信息化会使这三种经济的质量实现更大提升，使不可触摸的信息型经济取代可以触摸的物质型经济，继而在整个经济中居于主导地位。

信息革命是在科技一体化和科技非线性发展新形势下掀起的一种高科技革命。虽然高科技除信息科技外，还有生物、新材料、新能源、航空航天、海洋开发等各种高科技，但是迄今为止，中国发展速度最快、最成熟的高科技就是信息科技。在信息科技中，存在与其他两个高科技截然不同的特点。第一是超强的渗透性与非常广泛的应用性。第二是结合信息资源的开发与利用，不断拓展、加强人类的信息功能。信息革命既是科技革命，又是产业革命，它正在深刻地改变着人类生产、生活、工作、学习和思维的方式。

电子商务经济学是伴随互联网和电子商务的迅速发展而形成的一门新兴经济学科，也是网络经济学，或者更确切地说是信息经济学发展到一定阶段的产物。目前，无论是国外电子商务经济学研究，还是国内电子商务经济学研究，都还没有形成较为成熟一致的经济学理论分析框架和透视角度，这主要是因为电子商务本身尚处在发展阶段，有许多经济规律未被人们发掘出来，随着电子商务的发展，人们对电子商务经济学的探讨必将逐步深入。

（一）长尾理论

如图 1-2-1 所示，是长尾理论图示。长尾理论是由时任美国《连线》杂志主编的克里斯·安德森（Chris Anderson）提出的，在网络时代该理论逐步兴起。他发现，如果商品的储存、流通与展示的场地与渠道不受限制，那么商品的生产成本就会大幅降低，这就会导致任何人都能有机会、有能力进行商品的生产，并且在这时，一些曾经需求量极低的商品也会有一个不错的销路，这些需求量与销售量极低的产品在这时所占据的共同市场份额甚至可以与主流产品的市场份额平分秋色，不分伯仲。

长尾市场有一个别称为"利基市场"，这个词来源于英文中的"Niche"，"利基"是其音译，而意译则为"壁龛"，即见缝插针、拾遗补阙。有人认为，利基是一个缺乏相应服务的小市场，它虽然有获取利益的基础，但需求并没有被满足。

为了创造出更加符合市场规律的产品与服务优势，企业在一开始就对市场进行了详细的划分，这样能使企业将目光集中在某个特定的目标市场，对企业中存在优势的产品与服务进行重点经营。

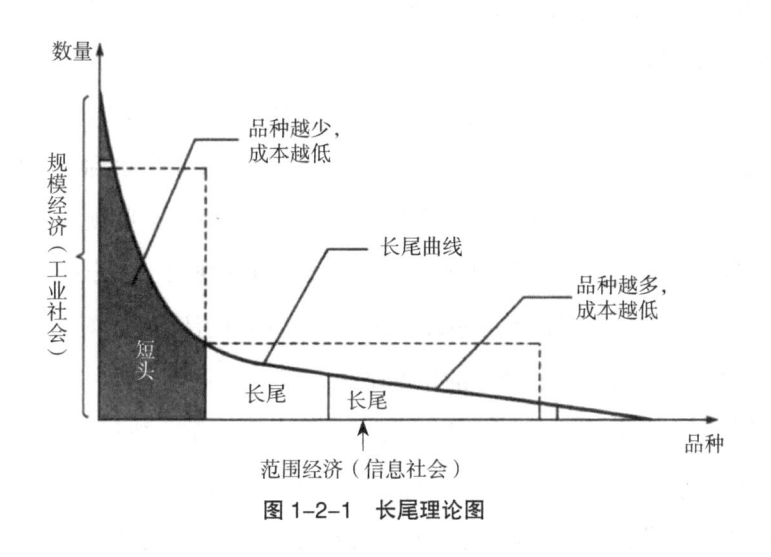

图 1-2-1　长尾理论图

用简单的话来说，长尾理论就是指在产品储存量充足、流通渠道丰富的情况下，那些平日里需求量较少、销售惨淡的产品仍旧能与少数热销品占据相同的市场份额，甚至占据的市场份额比热销品更大，就是说，将一个个的小市场相结合，可以形成与主流市场媲美的能量。这代表着要知道一个企业准确的销售量，不能只看传统需求曲线中的商品，而是要看长尾，即代表着冷门商品的那条曲线。

下面我们以亚马逊为例，来分析图书市场中隐藏的长尾理论。一般来说，一家大型的线下书店最多可容纳 10 万本书籍，但排名 10 万以后的书籍却占据了亚马逊网络书店四分之一的销售额，并且这些"冷门"书籍的销售比例正在以一个非常迅猛的态势增长。乐观估计，这些冷门书籍的销售量甚至能占据一半的市场份额。这也证明了消费者在面临日益丰富的选择，内心想要的东西与取得东西的渠道也在不断增加，市场的新型商业模式也就随着消费者需求的变化逐渐形成了。简单来说，长尾理论中包含的冷门产品能满足更多人的需求，人们在一开始或许意识不到自己存在某种需求，当他们逐渐重视起自己对冷门产品的需求后，这种冷门产品也将变得不再冷门了。

（二）注意力经济

有学者曾对当今的经济发展趋势进行了预测，并提出"在信息的发展过程中，有价值的不再是信息，而是人们的注意力"的观点。后来，这种观点被 IT 行业与管理界称为"注意力经济"。

"注意力经济"由美国学者迈克尔·戈德海伯（Michael H. Goldhaber）在 1997 年发表的《注意力购买者》的文章中提出，这篇文章中讲到，信息在当今社会已经成为非常丰富的资源，我们甚至可以在社会中发现某些领域的信息非常泛滥，而在这时出现的互联网又加剧了这一信息泛滥的现象。当今社会，信息以过剩资源的身份存在，而相较于这些过剩的资源，人们的注意力是唯一稀缺的资源。

我们说的注意力，从心理学的角度来说，就是人们对主题、事件、行为与信息关注的程度。注意力有以下五个特点：一是注意力无法被复制，也不能共享；二是注意力是一种有限且稀缺的资源；三是人们的注意力非常容易受到外界因素的影响，在一定范围内，人们可以相互交流；四是注意力可被传递，如名人广告就能很好地体现注意力这一特点，受众的注意力总是可以由关注名人转移到关注名人所做的广告物，即产品上；五是注意力能产生经济价值，人们在将自己的注意力转化为经济价值时，注意力的主要拥有者是媒体，同时，媒体也负责交换人们的注意力价值。因此我们得知，现如今的传媒经济是以大众的注意力为基础的。现阶段，吸引人们的注意力已经成为一种能产生商业价值、获得商业利益的方式，我们可以看出，注意力也可以作为一种经济资源存在，由此产生新型的经济模式就是如今的注意力经济（Attention Economy）。注意力经济就是为了能取得最大的未来商业利益而形成的一种新型经济模式。这种经济能最大限度地吸引用户与消费者的注意力，从而为该种经济模式培养属于自己的消费群体。在这种经济模式下，大众的注意力是比货币资本与信息更加重要的资源，这是因为只有大众的注意力被某种产品吸引，才有可能为这种产品付出金钱，从而成为消费者。如何吸引大众的注意力，就是这种经济模式应该注重的问题，吸引大众注意力的最行之有效的手段之一就是重视产品的外观设计，使自己的产品拥有"第一眼优势"，因此，注意力经济在一定程度上也被称为"眼球经济"。

（三）电子商务市场三大法则：摩尔定律、梅特卡夫法则和科斯定律

现如今，社会不断进步，经济也在随着社会的进步不断发展，在此期间，人们揭示了三个新的定律——摩尔定律、梅特卡夫定律与科斯定律。这三个定律既不是纯粹的自然规律，也不是单纯的社会发展规律，而是完美融合了自然规律与社会发展规律，为未来企业的走向提供了更加坚实的理论依据。

首先，揭示了信息科学发展规律的摩尔定律。这条定律是由创建了英特尔公司的戈登·摩尔（Gordon Moore）在20世纪60年代中期提出的。他发现，每隔18个月，集成电路中的导体元件密度就会增加一倍，因此他提出了一个大胆的推测，即按照这种趋势发展，计算机的信息计算能力将会在较短的时间内呈指数规律增长。

现在，摩尔定律已经被准确验证，成为一个可以直接运用的规律。我们可以这样理解摩尔定律，即随着时间的推进，数字技术产品的发展会越来越好，其速度会越来越快，体积也会越来越小，价格也会越来越便宜。"更快、更小、更便宜"是摩尔定律的理念，这种理念的出现使整个信息产业具备了强烈的竞争力。毫不夸张地说，现阶段的信息产业领域就像"奥林匹克"竞技场，所有的数字技术产品在这样的理念推动下迅猛发展。其中发展最明显的就是计算机芯片技术，这项技术的发展为信息产业持续高速发展和新经济奇迹提供了强有力的推动力量。而对于企业来说，增加一项产品的产出数量，并对产品生产进行不断改进，是降低单一产品成本的重要手段。

除此之外，摩尔定律还向人们揭示，要想迎接新的经济挑战，企业就必须建立定时出击机制。在一家企业中，能遭受的最大危机便是创造力危机，因此，对于企业管理来说，必须时时刻刻将创新放在第一位。另外，除了要勇于创新，加强对创新的时效管理也是非常重要的，定时出击就是指企业必须主动且科学地确定企业创新发展步伐。这个过程中，摩尔定律是维持科技创新高速度的强大保证。

其次，揭示了网络技术发展规律的梅特卡夫定律。梅特卡夫定律是由罗伯特·梅特卡夫（Robert Metcalfe）提出的，他是 3Com 公司（美国设备提供商）的创始人，也是以太网的发明者。梅特卡夫定律的主要内容是，网络的价值与使用互联网的用户数的平方成正比。

新科技推广的速度是由梅特卡夫定律决定的，梅特卡夫定律与上文提到的摩尔定律经常同时出现。这条定律的内容主要是关于网上资源的。电脑的价值由网络上联网的计算机决定，联网的计算机越多，电脑的价值也就越大。众所周知，一项被新开发出来的技术，只有被频繁使用，才具备更高的价值，也是因为有了更高的价值，越来越多的用户才会知晓并且使用这项技术。通过这一流程，整个网络的总价值也就在不知不觉中被提高了。要想使一项技术的价值呈爆炸性增长，就必须为这项技术建立一定的用户规模，但怎样才能达到理想的用户规模，这就是企业需要解决的问题了。一般情况下，用户进入网络的代价越低，达成一定用户规模的速度也就越快。我们也注意到，在大多数情况下，一项技术一旦拥有了一定规模的用户群，它就会立即提升对用户的价格，这是因为这项技术较之前来说应用价值有所增加。因此我们可以发现这样一个规律，即某些商业产品的价值会随着使用人数的增加而上升。

信息资源的性质非常奇特，被人们消费后它可以无损耗，而且我们在使用信息资源的时候也能发现，信息的消费过程有时能与信息的生产过程等同起来，信息资源中所包含的知识或感受能通过消费者的主观能动性催生出更加丰富的知识与感受，信息资源被消费得越多，其所包含的资源总量也就越大。互联网的出现为信息消费者数量的增加提供了强有力的支撑，也成为传播与反馈同时进行的一种交互性媒介，这便是互联网与报纸、收音机、电视最大的区别。因此，梅特卡夫认为，网上资源的数量将会随着上网人数的增加而呈现几何级数增长的态势。

由于每一个新上网用户的信息交流机会都是由他人联网这一动作获得的，我们可以推断出网络有非常强烈的外部性与正反馈性，这种外部性与正反馈性体现在：联网的用户越多，网络的价值就越大，联网的需求量也就越多（图1-2-2）。因此，我们可以从梅特卡夫定律中得出这样的结论，即消费存在效用递增的情况，简单来说，就是需求创造了新的需求。

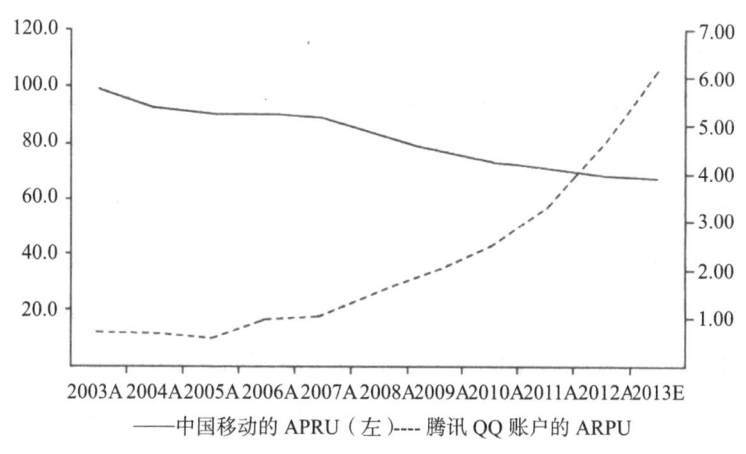

图 1-2-2　中国移动与腾讯 QQ 账户的 APRU（每用户平均收入）比较图

最后，是揭示了交易费用对企业产生影响的科斯定律。产业纵向一体化与横向一体化问题是罗纳德·哈里·科斯（Ronald H. Coase）所研究的内容，研究目的是为了发现产业组织方式不尽相同的原因。科斯在研究这项问题时，调查了许多企业，由调查结论产生了一个新的概念，即交易费用。科斯运用这个新概念解释了企业为何存在，以及一个合格的企业应该具备多大规模的问题。

在科斯看来，交易费用是一个非常重要的概念，企业就是由于交易费用的存在而产生的。我们可以将企业组织看作"价格机制的替代物"，节约交易费用是企业存在的主要作用，企业节约交易费用的方式是利用企业内部交易取代市场交易，这是因为市场交易较企业内部交易来说费用较高，且内部交易方式能最大限度地节约交易费用。企业无论是确定自己做生意的方式，还是确定自己生产何种物品都要将交易费用作为首要考虑的内容，这样才能确保企业始终盈利。如果交易评估后发现，这项交易的费用高于这项交易所能给企业带来的利益，那么这项交易就是不划算的，企业必须趁早做出决断——取消交易。我们在评判企业的最优规模时，决定因素是企业内部交易的边际费用与市场交易的边际费用在哪一点上等同。从实际来看，企业内部交易的边际费用与市场交易的边际费用，以及支撑企业运行所必需的费用，这三者之间的对比结果决定了建立的企业是否有利可图。在对企业规模进行确定时，必须将市场成本与不同企业的组织成本放在重要位置优先考虑，经过一系列的慎重考虑，才能初步确定企业规模，从而按照企业规模的大小来确定企业最多能生产多少种商品以及每种商品的生产数量。

  网络的出现也为企业降低交易费用提供了多种途径，从而使交易费用在多个方面显著降低。一个企业的性质与规模在企业交易费用为零时，会发生根本性的变化，这就不得不提到科技对企业演进的重要作用，它对企业的促进作用是在数字革命之前就存在的。企业为了降低自己的运作成本，获得更大的经济效益，大量引进了先进的科学技术成果。数字革命到来后，又将降低运作成本这一任务交给了数字科技。我们可以看出，网络的出现与科技的发展确实能大幅降低企业的运作成本，但与此同时，也将市场自身的成本降低了。这一点体现在摩尔定律与梅特卡夫定律的共同作用下形成了现如今的新型市场，在这个新型市场中，企业的交易费用是呈指数比例下降的。

  这种交易费用呈指数比例下降的趋势为市场和企业带来了双向的影响，所有产品与服务的交易费用都在大幅下降，并且交易费用在开放市场与企业中的下降速度并不相同，在市场中，交易费用下降的速度是高于企业的。因此我们可以推断出，要想使市场中的交易效率增加，就可以通过降低交易费用来实现。若企业的规模较之前有所萎缩，那么我们就可以预见到，企业的下一笔交易与在企业外完成的交易一样廉价。我们也可以按照科斯定律掌握企业规模的缩减法则，当开放市场中的交易成本趋近于零时，公司的规模也就非常小了。

  "交易成本趋近于零"这种现象或许很少见，但企业性质会在复杂的交易中由于产生交易费用变化而发生变化，在这种情况下，企业就会从一个物理实体（由员工与企业内的固定资产组成）转化为虚拟组织。在这种虚拟组织中，员工只需要在部分时间工作，企业的资产也可能被分给多家组织，企业内部与外部的分界线也越来越模糊了。在未来，组成企业的目的更多将是与交易相关。

（四）双螺旋理论

现如今形成的知识社会得益于信息技术的发展，应用创新在技术创新中的重要地位也得到了科技界的学者肯定。从科学进步的角度来说，技术创新活动无法使用线性递进关系简单概括，也不是简单的创新链条，而是作为一项极为复杂且全面的系统工程存在的。

在技术进步与应用创新的基础上，技术创新应运而生。科技创新是由技术进步与应用创新共同作用产生的，在这个过程中，需要多主体参与和多要素互动。我们可以将技术进步与应用创新看作一对"创新双螺旋结构"，二者既分立又统一，相互作用、并驾齐驱。技术进步为应用创新创造了新技术，应用创新又促使技术进一步发展。要想使模式创新与行业发展产生新热点，就必须加速技术与应用的碰撞与融合，而技术创新正是在碰撞与融合的过程中催生出来的。现阶段创新生态也正是依靠创新双螺旋的互补与互动形成的，也能促使创新多主体与多要素之间的相互作用。

（五）锁定效应

我们可以这样理解：两个相同意义上的科学技术产品，一个较先进入市场，积累了大量用户，用户对其已产生依赖；另一个较晚才进入市场。由于二者是同种意义上的科学产品，用户对第一个已经熟悉，而另一个还需要重新学习了解，因此较晚进入市场的那个很难再积累到用户，从而慢慢退出市场。先进入市场的那个相当于已经锁定了同种类型的科学产品，从而发展越来越快。

"锁定效应"是一种现象，这种现象产生的原因是产业集群不断演进，我们将这种现象叫作"路径依赖"。关于技术演进过程中的路径依赖，有学者做出了开创性的研究，并表明新技术的采用可以令收益有规律地递增。一项技术产生的时间越早，发展的时间也就越长。这样，这项技术就拥有了其他技术没有的优势，从而使自身得到良性循环，增强自身的市场竞争力。但也有例外，例如，一项技术可能相较其他技术更有优势，但被开发出来的时间较晚，就会丧失获取足够多支持者的最佳时机，导致这项技术发展的步伐受到限制，甚至可能将其"锁定"在某种恶性循环中，处于被动状态，企业也就无法利用这项技术促进自身的发展。

二、电子商务的基本模式

参与电子商务交易的主体包括企业（Business）、消费者（Customer）和政府（Government）。因此，可将电子商务模式按照交易双方进行分类。

（一）政府对企业的电子商务模式

政府对企业的电子商务模式（Government to Business，G2B）即电子政务，指的是政府与企业之间的商务模式。这种电子商务模式主要是政府通过网络进行电子采购与招标事宜，优势是能将政府机关内的管理业务流程尽可能地简化，提高政府为企业提供信息服务的效率。政府对企业的电子商务模式主要的业务板块有电子采购与招标、电子化报税、电子证照办理与审批以及相关政策的发布和为企业提供咨询服务等。

具体而言，G2B电子商务模式的主要内容包括：

第一，政府对企业开放各种信息，以方便企业开展经营活动。

第二，政府对企业业务的电子化服务，包括政府电子采购与招标、电子税务、电子证照办理、信息咨询服务和中小企业电子化服务等。

第三，政府对企业进行监督和管理，包括工商、进出口、税务、环保等。

（二）消费者对企业的电子商务模式

消费者对企业的电子商务模式即C2B模式（Customer To Business）。这种模式是指企业不再以自己的想法生产商品，而是按照消费者的需求定制产品，使消费者参与到产品的设计、生产甚至定价中来。消费者的个性化需求可以从产品的种类与价格中体现出来，有利于企业提高生产效率，按需生产。举例而言，戴尔公司是个性化定制电脑的典范，而海尔是个性化定制家电的典范。登录海尔官网，点击"定制与购买—海尔定制—自主选配"，消费者就可以进入定制程序，根据自己的个性化需求定制冰箱、洗衣机、空调和热水器等，如图1-2-3所示。

图 1-2-3　海尔定制首页

（三）个人对个人的电子商务模式

个人对个人的电子商务模式（Person to Person，P2P）又称对等电子商务。这种电子商务模式是发生在人与人之间的电子商务活动。该种电子商务模式利用了对等的网络技术，使互联网用户在共享文件或计算机资源时可以略过中央 WEB 服务器，进一步提高工作效率。P2P 网络彻底消除了对中央服务器的需求，可以让用户彼此间直接共享、搜索和交换数据，被认为是给电子商务的发展带来革命性影响的技术。

（四）线上对线下的电子商务模式

1. 线上对线下电子商务模式的定义

线上对线下的电子商务模式（Online to Offline，O2O）的含义也很好理解，是将线下的商机与互联网有机结合，使交易双方先在互联网上达成交易意向，再在线下进行实际交易的电子商务模式。美团网、大众点评网、百度糯米和拉手网等团购网站均是采用 O2O 电子商务模式的典型代表。

O2O 电子商务模式的实现原理为：线下商家将产品及服务信息在网络上展示，消费者上网通过在线搜索寻找到能满足自身需求的商品和服务信息，并在线支付，进入线下商家实体店现场体验，最终实现实体虚拟之间的贯通，如图 1-2-4 所示。通过 O2O 模式，线下商家和消费者之间完成了需求传递和价值传递。可见，O2O 电子商务模式的关键在于：将线上消费者引入线下实体店中。

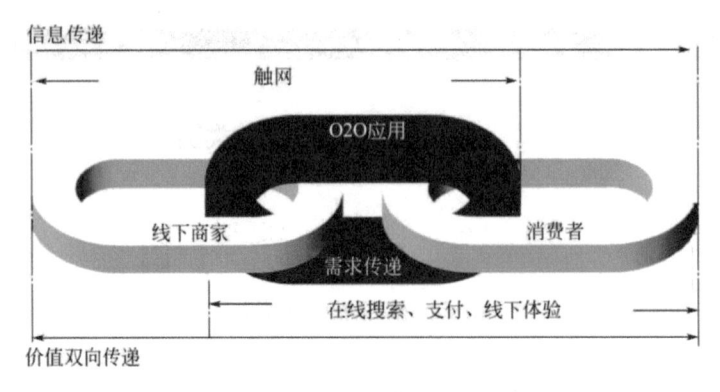

图 1-2-4　O2O 电子商务模式的实现原理

2. 线上对线下的电子商务模式的意义

O2O 电子商务模式对消费者、线下商家及服务提供商而言，都有明显的意义。

第一，对消费者而言，O2O 提供丰富、全面、及时的商家折扣信息，能让消费者通过电商平台快速搜索、浏览、筛选以及下单订购所需的商品或服务，且价格优惠，消费者能获得物美价廉的购物体验。

第二，对线下商家而言，消费者在线下实体店获取产品和服务时，必须进行手机短信或二维码验证。这样可以让线下商家了解消费者购物的渠道来源，方便线下商家对消费者购买数据的搜集，找准推广渠道，进而达到精准营销的目标，更好地维系客户，提升客户体验。

第三，对服务提供商而言，通过展示线下商家的产品或服务信息，为客户提供便捷的浏览、搜索、选购、支付服务，可以提升客户黏性，进而能提升对线下商家的吸引力，争取到更多的商家资源。同时，在掌握客户消费行为的大数据后，可以为商家提供更多的增值服务。

（五）ABC 电子商务模式

ABC 电子商务模式是新型电子商务模式的一种，这种商务模式下建立起来的电子商务平台是由代理商（Agents）、商家（Business）和消费者（Consumers）三者共同搭建的。这个电子商务平台结合了商品的生产、经营与消费，贯穿电子商务活动的全过程。

第三节　电子商务系统建设

一、完善电子商务服务体系

（一）建设综合服务管理中心

主管部门应当打造集产品整合、电子商务运营服务、推广、营销、数据统计、电商培训等功能于一体的综合服务管理中心，线上统筹电子商务平台的整体运营实施和全网络实施，线下组织区域产品资源形成产品库。建设办公区、线上体验区、产品展示区、培训室、孵化室等，提供业务咨询、技术服务等电商运营整体配套服务。服务中心由中标企业入驻运营，运作重点在于解决产品上行难的问题。电商及有关部门应做好运营商的管理和服务工作。

服务中心一要做好资源整合和专业服务对接工作；二要负责制定具体细化的电子商务运营推广实施方案，负责与第三方平台进行对接，落实上级各项政策，深入挖掘本地特色产品，组织特色企业入驻电子商务公共服务线上平台；三要整合区域特色产品、特色产业，通过"培训＋孵化"为特色产品和特色产业提供价值提炼、品牌包装、宣传推广、市场营销、公共关系等方面的营销推广服务支撑；四要引导企业进行产品研发、品牌营销推广、美工设计等工作。打造电商核心品牌，形成以优势品牌牵引、依靠良好技术平台支撑、具备持续良好运营能力的电子商务运营体系，积极协调促进电子商务的发展。

（二）建设电子商务服务站

第一，建设方式。依托商贸流通企业、电商企业、合作社或便民超市等现有资源，将它们整合、升级、改造为电子商务服务站。

第二，站点选址。电子商务服务站选址由电商服务中心人员深入各区域对现有资源进行实地考察，充分征求乡镇区域人员意见后，再将位置条件、人员条件等进行对比，公开透明地对候选站点进行择优建设。尽量将服务站安排在繁华地段，结合商贸流通企业、电商企业、合作社或便民超市等进行建设，并办理《营业执照》等，获取合法的经营主体资格，以保证正常营业。对于现有的电商服务站，可根据条件需要对其进行整合、搬迁、升级改造等。服务站建设面积应不少于30平方米，应设有电商办公、商品经营、产品存放等场地。电商服务站选址要充分考虑物流服务站的整合建设，谋求长远发展。

第三，服务功能。服务站建成后，应有零售、实体体验、网络代销代购、技术服务、产品收集等功能。对上承接服务中心安排的业务，并能提供产品整合、销售信息、技术指导等服务，引导辖区内商贸流通企业、电商服务企业、供销社、邮政等主体进行信息化改造，提供多种线上、线下便民服务，扩大服务规模、丰富服务内容；指导当地居民通过网销产品扩大就业，带动本地电子商务业务发展，同时充分展示电商工作。服务站应能对服务区域群众的需求和生产进行摸底统计，定期向电商办或服务中心报送各类信息。

第四，人员配备。每个电子商务服务站至少应配备一名及以上专业操作人员，一般要求初中以上文化水平，无违法犯罪记录，无不良信誉记录；具备电脑操作的基本能力，能熟练使用各个电商平台者优先；应熟悉当地产业的基本情况，具备一定的营销能力；应该认同电子商务项目建设理念，接受电子商务公共服务中心相应的管理与培训。

二、合理规划电子商务平台

（一）第三方平台和自建平台

企业在网上销售自有产品时可以借助两种途径：一是在电子商务平台上开设店铺，二是自立门户型的企业电子商务网站。为了个人或企业能进行网上交易而开设的平台就是电子商务平台，一般提供各类服务的都是买卖双方之外的第三方平台服务商。企业电子商务平台是企业（通常是供应链的核心企业）在互联网上建立的，为电子商务的顺利运营提供保障措施的管理环境以及进行电子商务活动的虚拟网络空间，同时也是整合与协调资金流、信息流、物流高效流动的重要场所。商家与企业可以对电子商务平台所提供的安全平台、支付平台、管理平台和网络基础设施等共享资源进行充分利用，保证将自己的商业活动低成本且有效地开展下去。企业电子商务网站主要面向供应链上各节点单位。例如，客户、供应商等消费群体提供企业范围内的交易、服务等。

1. 第三方平台

（1）优势

①信用体系比较完善，信用制度和可信度较高。

②有较完善的购物流程。

③较具规模的平台，流量较大，客户目的性较强。

④有自身的商城模板，可以快速搭建网上门店。

（2）劣势

①在运营上有较多的规则限制，店面样式比较单一，显现不出自身特点。

②需要向第三方电子商务平台缴纳一定的佣金或者保证金，例如，较具规模的电子商务平台会收取会员费。

③功能方面较受限，扩展性较低。如果第三方平台没有及时推出个性化功能，商家就无法使用或者需要额外支付费用。

2. 自建网站

（1）优势

①没有佣金负担。

②网站空间容量不受限制，可以任意展示更多的商品，提供更好的用户体验。

③可拓展性高，网站无论是框架还是风格内容全部由商家自己掌控。

④自建电子商务网站，对企业的长期健康发展非常有益。

（2）劣势

①需要购买服务器域名和软件等基础设施。

②初期投入较高，效果需要时间积累。

③建站初期可信度低，推广难度较大。

④需要自建运营维护团队，需要投入较大的人力、物力成本。

（二）电子商务平台的建设方案

1. 选择适合的电子商务切入模式

应按照每个地区不同的经济发展特点，采取能适应该地区发展的电子商务切入模式。在经济不太发达的地区可以将供销信息通过信息网发送，而交易则采用初级电子商务模式进行；在经济比较发达的地区，可以用电子化交易在电子商务平台中实现合同签订、接洽和货款支付等，除去物流之外，资金流、信息流等都是在网上进行的。

2. 加强产业化数据库建设

应强化产业化的数据库建设，以及提升数据库资源的开放利用水平和拥有量。与此同时，还要与本地发展产业化的实际情况结合，基于特色数据库，达到通畅数据交换和信息资源共享的目的。

3. 建立高效规范的信息数据库系统

当今信息时代，谁能最先得到信息、使用信息，谁就能赢得市场和利润。因此，还应建立起高效且相对完善的信息数据库系统，以此来发挥电子商务的巨大潜力，也就是建立起一个高效、良好的收集和分析信息的数据库系统，从而优化自身的资源配置，降低成本、提高效率、提高市场占有率。

4. 电子商务平台的宣传和推广

无论电子商务平台是通过哪种方案搭建的，都应做好网站的推广，增加访客量，从而获得社会的普遍认可。但同时也应该注意，在设置平台时要彰显产品特色，同时具备好的交互性和安全性，以便将信息在各个公共媒体的网站中发布，在发布时注意设置好友情链接。此外，还要给可能合作的客户发送电子邮件，寻找机会并让客户通过搜索引擎找到自己的网站。

（三）电子商务平台的总体设计

1. 总体框架

从整体上看，电子商务平台的构成包含身份认证与安全、运行维护保障两个体系，基础、资源、支持与应用四层结构。下面我们来具体分析构成电子商务平台的两个体系与四层结构。身份认证与安全体系，主要是为了对主机、计算机网络和应用系统的运行进行安全设计；而运营维护保障体系则具备专业性、标准性、统一性与公共服务性四大特征。网络平台的基础框架环境就是四层结构之———基础层。这层结构包含计算机设备资源库、计算机网络、呼叫中心通信网络、数据库和应用服务器、交换器与存储设备等。四层结构资源层的主要功能是为网站提供分析基础数据的资源，资源层由商品库、商品信息库、客户资源库、咨询库、评价库和账户信息库构成。支持层存在的作用有两个，第一是为用户提供收发邮件与文档管理的信息服务，第二是通过对用户产生的商品评论信息进行数据分析，为平台建设服务提供更好的决策依据。应用层是平台为更好地管理自身平台的用户，从而建立起的为客户展示服务的窗口，以及为用户提供信息服务。由此我们可以看出，应用层的本质是一个信息门户，其作用是为平台收集用户注册、数据查询、信息咨询、在线购买、物流跟踪、商品评论与退货管理等信息。

2. 业务构架

电子商务平台的业务架构，完整的交易流程如下：首先，商家要将所售卖的商品信息发布在电子商务平台上，并确保所发布的信息能让消费者搜索到；其次，消费者通过电脑端或移动端访问电子交易平台，选择自己心仪的商品并完成支付；再次，消费者可以通过电子商务平台查询自己购买商品的订单与物流信息；最后，当商品通过物流到达消费者手中，若无疑问，则交易完成，若存在疑问，则消费者可以通过电子商务平台与商家取得联系，让商家解决购买商品出现的问题。要想顺利完成交易流程，在进行电子商务平台设计时，就必须采用一些技术作为支撑。在设计方法上，可以采用面向对象的方法，这种方法在现阶段较为流行，其是一个大型的开发软件，能最大限度地将软件开发的效率与质量提升上去。

第四节　电子商务的应用

一、移动电子商务

（一）移动电子商务概述

1. 移动电子商务的含义与服务

移动电子商务（Mobile Business，MB）也称无线电子商务（Wireless Business，WB），是无线平台上实现的电子商务。在传统定义中是通过智能手机、个人数字助理（Personal Digital Assistant，PDA）等移动通信设备与互联网有机结合进行的电子商务活动，它能提供个人信息管理（Person Information Manager，PIM）、移动定位服务（Location Based Service，LBS）、在线银行、实时交易、票务、移动购物、即时娱乐、无线医疗业务等服务，从移动电子商务的应用过程来看是对传统电子商务的整合与发展。移动电子商务在手持移动终端与无线通信技术发展的基础上，能在一些如获取营销与销售信息、接受订货信息、做出购买决策与支付款项等业务中实现"3A"的全方位服务，即任何人（Anybody）、任何时间（Anytime）、任何地点（Anywhere）。相对传统基于互联网的电子商务，移动电子商务有全天候化、精准性、安全性、定位性、快速性、便利性、可识别性、应激性、广泛性等特点。

2. 移动电子商务的市场前景

从长远来看，由于移动电子商务较传统的电子商务来说更加快捷、更加方便，且不受时间与空间的限制。因此，电子商务未来的发展已经有了逐渐向移动电子商务靠拢的趋势。甚至有人预测，在未来，移动电子商务市场势必会超越传统电子商务的规模，这是因为移动电子商务有着传统有线因特网电子商务无法比拟的优势。

据《2016年互联网各领域趋势预测报告》（图1-4-1）显示，网民在移动设

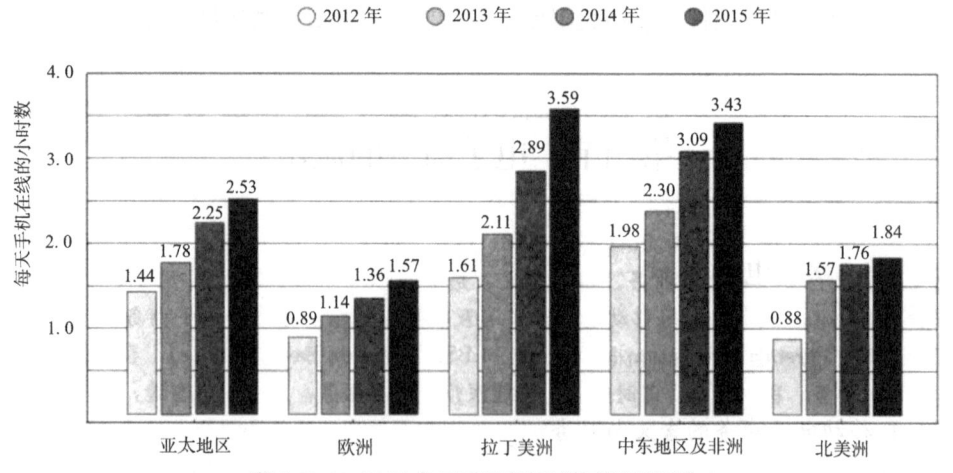

图1-4-1 2016年互联网各领域趋势预测报告

备上消耗的时间越来越长，网民的网络活动正从电脑转向移动设备。尤其是年轻人，在移动设备上支出的时间增长显著。16~24岁网民在2015年平均每天使用移动设备3.26小时，在2012年只有1.88小时，三年时间几乎翻了一番。但老年群体的移动设备使用市场变化不明显。

（二）我国移动电子商务的发展现状与趋势

1. 我国移动通信服务业的发展历史

随着时代的发展，信息技术革命在全球范围内轰轰烈烈地展开，移动电话也随着信息技术革命的展开而诞生，一举成为中国电信服务中的新秀，随着中国综合国力的不断加强，中国的移动通信能力也在不断提升。现如今，中国已经是世界移动电话中的佼佼者，因此，移动电子商务在我国的发展前景非常乐观。

可以将我国的移动电话发展分为三个阶段，即起步阶段（1987—1993年）、发展阶段（1994—1995年上半年）和迅速提高阶段（1995年下半年至今）。在起步阶段，移动电话主要是满足大众的必要需求；在发展阶段，我国的90MHz（兆赫）模拟蜂窝移动电话成为世界上联网区最大、覆盖面最广的移动电话网；而在迅速提高阶段，我国已经开始引进世界上使用先进技术构建出来的GSM（全球移动通信系统）数字移动电话系统，这标志着我国的移动通信迅速由单一模拟制进入了模拟数字并存的时代。

2. 我国移动电子商务的发展现状

如图1-4-2所示，在2015年度中国电子商务市场的数据检测报告中，我们可以从柱状图中看出，在2015年，中国移动网购的规模已经达到了20184亿元，与2014年度的9285亿元相比，增长了117.4%。

移动电子商务的发展现状如下：

随着时代的发展，电子商务从电脑端向移动端过渡已经成为不可阻挡的步伐。与电脑端相比，移动端具备五个特征，即不受地域限制、碎片化、互动性强、传播效率高、转化率高，移动端还能够拉近企业与用户之间的距离。

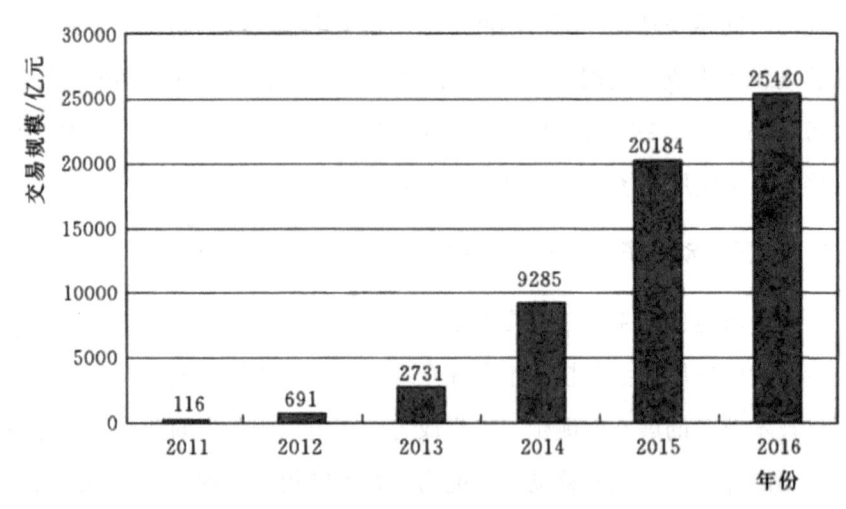

图 1-4-2　2015 年度中国电子商务市场数据监测报告

自 2015 年起，天猫、京东、唯品会、苏宁易购等电商平台在移动端大下功夫，开始了自身产品的"深度化"跃进。"深度化"跃进表现在内容和社区两方面，加深了消费者购物之外的体验，在加上不断扩张品类和新业务，使移动端得以持续渗透。显而易见，在未来，移动电商将取代电脑端成为"主角"。

2015 年 11 月 11 日，天猫移动端成交占比 68%；京东移动端下单量占比达到 74%；唯品会移动端的成交量占比超过了 80%；苏宁易购移动端订单量占比 67%；聚美优品移动端占比 76%；国美在线移动端订单量占比高达 70%。仅从"双十一"一天便能折射出用户的购物习惯已经转移。

微信与支付宝在发展的过程中，为了拉拢客户、增加用户数量，在营销与社交领域使用"红包"这一手段吸引大众眼球。一时之间，"红包经济"成为电商巨头的拉锯战，也为广告商与零售商提供了思路，使移动端的用户逐渐加入移动网购队伍。

3. 我国移动电商发展的新趋势

我国移动电商发展的新趋势如下：

如今，传统的电脑端电子商务平台不断向移动端迈进，移动电子商务市场格局的形态已经初步显现出来。现阶段移动电商市场结构与电脑电子商务时代的市场格局并没有非常大的变化，阿里巴巴在市场中的份额极大，显示出了一家独大的市场特征。

在移动网络迅速发展的今天，流量入口呈现出多元化趋势。因此，企业的竞争焦点已经集中在线上至线下入口布局处了。移动互联网的发展扩宽了用户使用网络的地点，移动电商使用地点灵活这一优势已经成为电脑电商时代的最大威胁。自2013年以来，各个电商巨头，如阿里巴巴、腾讯等都开始重视用户的移动网络入口。

在这种新型电子商务发展模式下，购物的意义已经不再单纯，在人们的社交场景中，商家也可以通过用户碎片化的分享来获取流量，于是，越来越多的商家开始探索这种新型的电子商务发展模式，以期为自己的商品获取更多的关注。

二、智能物联网商务

（一）物联网概述

1. 物联网的定义

物联网与互联网不同，物联网是一种网络信息系统，能实现人与物、物与物之间的信息自动交互与共享，物联网能实现这一目标的技术基础是射频标签与无线传感器网络等武力介入与传输技术的构建，这种技术可以使物联网的覆盖范围变得非常之广，甚至能覆盖世界上所有的人与物。物联网这种网络系统能将区域内的所有物件全部连入全球统一的网络中，使区域内的物件能传递信息流、物流、资金流与价值流，并使所有物件能对与其相关的数据存储进行共享，从而更高效地对网络中的节点进行更加精确的识别、定位、监测、管理与控制等。实现区域内物件连接统一，网络同样需要技术支持，是通过通信网络以及智能运算平台的相关技术设备达成的。除此之外，物联网在数据采集、移动定位、自动化控制与日常服务方面也同样被广泛应用。

2. 物联网的产业链

产业链从本质上来说是一种链条式关联的关系形态，产业链是由各个产业部门共同参与，利用一定的技术经济使之相关联，在合乎逻辑关系与时空布局关系的条件下形成的。由于各个地区存在不同程度的区域差异，因此，为了能使地区间的产业合作更加顺利，以地区间专业化分工与多维性需求为基础的产业链应运而生，并形成了系统的区域合作载体。在物联网的设计环节中，共包含七项内容：芯片与技术提供商、应用设备提供商、系统集成商、软件与应用开发商、网络提供商、运营及服务商和用户等。较当前的通信网络产业链来说，物联网的产业链显示出了一些不同。物联网产业链在下游增加了身份标识、数字式识别和模拟式识别，后两种识别方式都具备智能感知能力；在产业链的中游，物联网产业链也增加了云计算模式的智能处理环节；而在物联网产业链的最上游，负责信息管理服务的物联网运营商与负责网络安全的监管机构也被加入进去。

物联网产业链具有三个商业意义。第一，加入用户需求最大的数字式识别和模拟式识别，有利于厂商进一步掌握用户需求；第二，建立物联网产业链，有利于满足系统集成商的需求，进而掌握更多的下游供应商；第三，由于物联网的应用范围呈横向扩展趋势发展，因此，加大了对数据处理与信息管理的需求。

在分析物联网产业链的过程中，我们可以将时间作为衡量其发展的标准。从长远来看，产业链的形成能使运营商获得较现在来说更加可观的收益，而未来的运营商除了目前的电信与广电等，还有可能出现一些中小型的运营商；在这些中小型运营商还未出现之前，物联网的系统集成商数量将会增长，市场竞争在一段时间内可能会较为激烈；而现在，最重要的就是发展产业链中包含数字式识别与模拟式识别的感知环节，当这些终端成为局域互联网之后，互联网才会得到发展。

3. 物联网的商业模式

由于我国物联网的发展时间较短，现阶段，我国主要在电子商务方面应用了物联网的商业模式。可以将我国现有的物联网商业模式分为以下五种。第一，向使用物联网业务的企业用户提供通道服务时，由电信运营商直接负责；第二，物联网的商业模式。需要运营商与系统集成商共同开发、推广，在此过程中，业务平台建设、网络运行、业务推广及收费都是由电信运营商负责的；第三，在建立物联网设备接入平台时，由运营商直接负责，终端厂商与应用服务商都有权利进入平台，而运营商在这个过程中，由于提供了计费与远程维护等服务，在收取相应的通道费用后，还可以继续从中获得收益；第四，为了向大众提供更加完善的服务，运营商开创了应用服务模式，即运营商开始自行开发应用；第五，通过连接若干个骨干企业，成为产业联盟，这种产业联盟模式有利于更好地整合产业链上的现有资源，为更多规模化与跨领域应用的开发提供条件。

国外的物联网比中国起步时间早，且在发展过程中已经探索出适合本国发展道路的商业模式，国外的物联网商业模式主要有以下三个类型：

（1）通道型

在这种商业模式中，网络平台是由运营商提供的，而系统集成商只需要在运营商提供的网络平台上推广自己的应用。当然，向运营商支付占用平台的费用是必不可少的。在国外，通道型的商业模式是应用最广的一种商业模式。

（2）自营型

这种商业模式中的平台、识读器与识读标志等内容都是由运营商搭建起来的，在运营商将平台搭建起来之后，就可以尽全力满足用户需求，为用户开展个性化业务的定制或是直接将一整套完整应用系统提供给用户。

（3）合作型

这种商业模式是指运营商会在某些自己不太擅长的领域选择一些系统集成商作为自己的合作伙伴，再与系统集成商共同将平台搭建起来。在这个过程中，系统集成商负责应用的开发与售后服务等相关事宜，而运营商需要为系统集成商推广应用。

（二）物联网与电子商务

现阶段的物联网电子商务的品牌保护基础是射频识别技术（RFID），目前的电子商务中，商品保真是一项最基本的原则，与之形成鲜明对比的是国内其他电商假货数不胜数的现象。物联网电子商务之所以能确保从自己平台中售卖出去的商品是货真价实的，就是因为在物联网电子商务中，从厂家到经销商，从物流服务商到支付服务商的任何流程都是唯一且明确的。因此，一旦消费者要求售后，就可以直接切入在交易过程中有疑问的节点进行追溯,这样也有利于物联网产业链保持良性发展的态势。

如今,我们已经进入了移动电子商务时代,我国移动电子商务的市场规模不断扩大,盈利水平也在不断提升,这就要求传统电子商务产业要与时俱进,只有加快转变发展方式、创新发展思维,才不会在发展的过程中被诸如支付方式、物流配送、产品质量管理等基本问题束缚。而在电子商务市场中引进物联网技术,也可以在一定程度上解决移动电子商务在运营与管理方面出现的一系列问题。

虽然移动电子商务在我国已经得到了发展,在消费者中的影响力也在不断提升,但需要注意的是我国移动电子商务在运营管理方面仍旧存在一些漏洞。第一,在订单的生成环节,现阶段使用移动电子商务的零售商大多数都是中小型卖家,因此,缺乏较大规模的商品库存,自然也会使库存的更新速度下降,导致商家在确认订单时浪费较多时间。第二,从支付方式来说,由我国地区经济发展仍存在较大差异,一些偏远地区的用户对网上银行转账或在线下使用自助终端进行充值这种支付方式并不熟悉。第三,在订单生成、开始物流传输的环节,常常会因为工作延误或一些不可抗力的因素导致货物无法按照计划时间到达消费者手中,而在这时,无论是消费者还是卖家,都无法获取最及时和准确的物流信息。第四,对产品质量来说,由于消费者对自己购买的东西不具备辨别真假的能力,因此,有些商家就有可能趁机将以低廉成本制作完成的假货当作价格高昂的真货出售给消费者。

众所周知,传统的零售行业在不断的演进过程中,形成了现如今的电子商务市场,而现阶段,仍旧存在自动化程度不高、规模化程度不完善、缺乏较强的远程支撑能力等缺点。物联网发展的新阶段可以说是由电子商务开启的,由于物联网技术在自动化处理方面存在优势,因此,在电子商务的运营管理中,物联网能在一定程度上规避可能存在的漏洞。第一,物联技术能利用自身的自动化优势帮助电子商务形成自动化库存,实现全网零售营销体系的共享。不难看出,在电子商务中运用物联技术管理库存,不但能将管理成本大大降低、使营销效率显著提升,还能缩短订单的确定时间、提升用户的消费体验。第二,物联技术在电子商务中的应用能有效改善在支付环节中存在的问题，网上零售商通过加强与电信运营商之间的交流合作，有利于催生出更加合理的新型商业模式，在手机支付业务方面也能更加多元化，这样更有利于简化支付操作的步骤，降低用户的准入门槛，提升用户的消费欲望。第三，可以将物联技术与GPS（全球定位系统）技术相结合，这样可以使物流配送透明化，有利于使消费者、零售商与物流公司及时获取包裹状态，也可以通过使用无线视频系统观看物流运输车辆的实时状态。第四，可以使用物联技术建立产品溯源系统，目的是为消费者购买的商品赋予独一无二的识别标志，既能提升用户辨别商品的效率，也能最大限度降低用户上当受骗的风险，全方位保护用户的消费体验。近几年，随着手机支付的兴起，物联网电子商务又有了新的发展机遇，有专家认为由于技术发展速度在不断加快，因此，电子化、移动化的电子商务支付方式势必会成为现代生活的热潮，手机支付也将彻底改变移动电子商务未来的发展方式。

三、社交化电子商务

随着时代的发展，近几年间，互联网行业、社交化电子商务可谓是一个非常热门的话题，社交化电子商务的形式也异常丰富，比如，流量较大的、能为电子商务企业提供营销服务的垂直媒体、社交网站与微博；又如，电子商务网站为活跃老用户、吸引新用户自行开设的博客与论坛；再如，从一开始就将自己定位为购物分享社区的美丽说、蘑菇街等。

（一）社交化电子商务的含义

我们现在所说的社交化电子商务，究其根本，是一种现象，这种现象就是大众将一些具有社交化的元素（如关注、分享、沟通、讨论与互动等）体现在了电子商务的交易过程中。说得再具体些，从消费者的角度出发，能从三个方面体现出社交化电子商务，第一是消费者在购买前进行的店铺选择与商品比较，第二是消费者在进行消费时通过一系列载体与电子商务企业之间进行的交流与互动，第三是消费者在交易完成后对本次交易的评价与购物分享。从电子商务企业的角度出发，社交化电子商务是企业通过应用一系列的社交工具，与社交化媒体以及网络进行合作，最终达成营销、推广与销售的目的。社交化电子商务的三个核心特征分别为：导购，社交化元素，社交化传播多级返利机制。

（二）社交化电子商务的发展

20世纪末，世界上出现了第一代电子商务网站，亚马逊就是在这个时期诞生的。在那时，电子化的邮寄订购非常普遍，除亚马逊之外的一些电子商务网站只是单纯用来收集用户评论与建议，并不与商品的销售挂钩。现在，这些网站大多已经关闭，而亚马逊则因为在网站中结合了销售与消费者的社交性反馈，挺过了互联网的萧条时期并发展至今。

第二代电子商务企业有一少部分来自美国硅谷，在这些企业中，重视线下业务是它们的一大特征，吸引消费者在线下门店购物是它们的最终目标。在这些电子商务企业中，获利的方式大多数是通过闪购来实现的，也就是说，这些公司会不定时提供一些只在短期内降价的商品，以此来吸引消费者购买自己的商品，这种方式也能为企业带来广告作用。

随着时代与科学技术的不断发展，第三代电子商务也诞生了。其中，ModCloth网站以销售独立设计师设计的服装为主，在脸书（Facebook）上建立了一个论坛，时常会让顾客以投票的方式决定网站接下来主要售卖哪种类型的产品。另一家集影音、游戏、购物于一体的社交化电子商务网站lockerz是在2009年成立的，在这个网站中，用户可以使用积分兑换商品折扣。获取积分的方式主要有：观看带广告的视频；邀请朋友以及参加网站活动。我们比较熟悉的网站有：以购物商品分享为元素的蘑菇街、美丽说、草莓派；以任务模式进行主动传播分享为元素的凡客诚品和猪八戒；以图片分享、收藏为元素的人人逛街、花瓣等。

（三）社交化电子商务的未来发展

电子商务在未来的发展无关企业与销售模式，会变得越来越社交化。在目前的零售行业中，主要存在吸引用户成本较高、无法将流量转化为实际消费行为以及不易吸引回头客等问题。而社交化的电子商务则能很好地解决这些问题。

四、跨境电子商务

跨境电子商务为我国经济的又好又快发展做出了非常大的贡献，在推动经济一体化与贸易全球化的过程中有着不容忽视的建树。跨境电子商务的发展，使得国与国之间的贸易往来不再有重重阻碍，使国际贸易逐渐向无国界贸易靠拢，同时，跨境电子商务的发展也改变了世界经济贸易的格局。跨境电子商务在发展过程中产生的影响主要有两个方面：第一，企业来说，跨境电子商务能帮助它们拓宽市场，建立起一个新型的多边贸易合作模式，这个新型合作模式的特点有三个，分别是开放、多维和立体。使用新型的合作模式进行对外贸易，有利于优化多边的资源配置，帮助企业间互利共赢。第二，站在消费者的角度，跨境电子商务的发展使得他们对同一种商品的选择权不断扩大，购买渠道也逐渐增多，消费者可以通过多方比价，以优惠的价格买到心仪的商品。

（一）跨境电子商务概述

1.跨境电子商务的概念

跨境电子商务是一种国际商业活动。在这种商业活动中，交易主体并不属于同一关境。所谓分属于不同关境，是消费者与商家通过互联网上已有的电子商务平台达成交易意向，当消费者完成支付后，商家需要使用跨境物流为消费者配送商品，消费者收到货品并确认无误后，一次完整的跨境电子商务交易就完成了。在这里，我们可以从两个角度来划分跨境电子商务类型，第一个角度是从进出口的方向来说的，在这个维度上，我们可以将跨境电子商务分为出口跨境电子商务与进口跨境电子商务；第二个角度是从交易的模式来说的，从这个角度来看，跨境电子商务的类型主要有B2B（企业与企业间的电子商务模式）跨境电子商务与B2C（企业与消费者间的电子商务模式）跨境电子商务两种形式。

2.跨境电子商务的特征

跨境电子商务必须依托互联网才能得以发展，在客观存在的物理空间中，网络空间是一个全新的空间，这个空间是虚拟的、无法被看见的，是由网址与密码构成的。跨境电子商务由于受到网络空间中独特价值标准与行为模式的影响，从现阶段来看，已经拥有了一些不同于传统交易方式的特点。

（1）全球性（global）

由于网络是无形的，也不存在边界。因此我们可以得出，网络具备全球性与非中心化的特征，而跨境电子商务是依托网络发展起来的，自然也拥有全球性与非中心化的特征。跨境电子商务较传统的交易方式而言，交易的时间、方式与地点都更加灵活，是一种无边界交易。在互联网上进行交易的用户不再需要考虑距离的远近，甚至想要购买的商品在国外也没有关系。在跨境电子商务市场中，任何高附加值的产品与服务都能占据一定的市场份额。当然，跨境电子商务由于全球性特征，也产生了正反两方面的影响。一方面，全球性特征使得信息共享的范围不断扩大；另一方面，进行跨境电子商务交易的双方必须要承担由于文化、政治与法律差异而可能出现的风险。美国财政部曾指出，在依靠全球化网络建立起来的电子商务活动中，进行课税是非常困难的，这是因为在跨境电子商务的交易中，传统交易方式的地理因素已经不复存在。因此，在跨境电子商务中，会存在部分商家未公布企业所在地的现象，以此来规避税务问题，而消费者对这种问题并不关心。例如，在爱尔兰有一个规模较小的在线企业，这个企业创建了一个网页，世界各地的消费者都能通过同一个链接进入该企业的网站进行消费，而当交易真正发生时，我们却很难判定消费者来自哪个国家。

由于跨境电子商务能进行远程交易，因此，税收成为一项非常重大的问题。这是因为每一个国家都无权干涉别国的税收权力，所以我们可以看出，对于税务机关来说，是非常难以在跨越全球的电子商务活动中行使自己正常的税收管辖权的。以书店为例，在传统的交易模式下，消费者只有通过线下的销售网点才能购买图书，而随着电子商务的发展，在线书店完全可以代替线下的销售网点完成整个销售活动。在线上交易的过程中，税务部门就无法像对待线下销售网点一样完成扣缴所得税的工作，从而阻碍税收权力的行使。

（2）无形性（intangible）

数字化产品与服务的传输同样也必须依靠网络才能发展。跨境电子商务之所以具备无形性的特征，主要是因为在数字化传输的过程中产生的数据、声音与图像都是以无形的计算机数据代码的形式出现的。以电子邮件信息传输为例，在这种数据信息的传输过程中，信息必须要经过服务器的分解才能按照 TCP（传输控制协议）/IP（网际互联协议）协议传输到一个目的地服务器中，再由目的地服务器进行重新组织后转发给接收人，而这个过程看似繁杂，实则都是能通过网络技术在一瞬间就完成的事情。在数字化的传输活动中，电子商务已然成为一种特殊的形式存在，而跨境电子商务的无形性特征同样对交易活动的税收带来了非常大的困难，这是因为在无形的跨境电子商务交易活动中，税务机关所能看到的交易记录都是通过数据代码呈现出来的，这种数据代码严重阻碍了税务核查员计算这项交易活动的销售与利润所得，不利于税收权力的行使。

由于数字化产品与服务是在跨境电子商务活动发展的过程中衍生出来的，因此，数字化产品与服务也具备无形性的特征。在传统的交易模式中，实物交易是最普遍的交易方式。但随着电子商务的发展，无形产品也逐渐成为交易的对象。在这里，我们还是以图书为例来分析。在传统的销售模式中，对纸质书籍，只有完成了排版、印刷、销售与购买这些流程后，才能说这项产品真正实现了生产与销售；随着电子商务的发展，消费者只需要对数据使用权进行购买，就可以获得书本中的知识与信息。因此，如何界定电子商务中这种交易活动的性质就成为一项难题，而对这种交易活动的监督与征税问题也成为现阶段税务与法律部门所要研究的新课题。

（3）匿名性（anonymous）

由于跨境电子商务存在非中心化与全球性的特性，因此，我们无法准确确定电子商务用户的身份与用户具体的地理位置。如今，消费者都非常注重自己的隐私保护，在线交易时并不会轻易暴露自己的真实身份与所在的地理位置，而对交易而言，这一点也并不存在较大的影响，跨境电子商务也因此具备了匿名性的特征。但匿名交易的便利也会为消费者不承担自己应承担的责任制造机会，如果消费者有可能不再向税务机关缴纳应该承担的税款，这就会为税务机关行使税务权力带来非常大的阻碍，也在很大程度上阻碍了社会的经济发展。

3.跨境电子商务的政策支持

从上文中我们可以看出，跨境电子商务具备传统贸易方式所没有的特点，而传统的税法制度在现阶段已经不具备约束跨境电子商务贸易的能力。如今，人类社会迅速发展，网络已经成为人们日常生活中的必需品，并且对人类社会产生了不容忽视的影响，同时，网络技术与跨境电子商务的发展也对税收法律规范形成了异常严峻的考验。

与传统贸易方式相比，电子商务出口的交易方式、货物运输与支付结算等都产生了巨大的变化。有关海关、检验检疫、税务与收付汇方面的管理体制、政策、法规及环境条件都已经不符合现阶段的发展要求，关于这方面的改革已经刻不容缓。

（二）我国跨境电子商务现状

1. 跨境电商 B2B 模式将长期占据主流

按照电子商务的发展趋势来看，企业对企业的跨境电子商务模式将会长期占据跨境电子商务市场。从现阶段来看，B2B（企业与企业间的电子商务模式）跨境电商的发展已经非常成熟，目前，B2B（企业与企业间的电子商务模式）跨境电商的发展格局也已经稳定下来。而企业对消费者的跨境电商模式由于交易成本逐年降低，也能进一步满足消费者的个性化需求，在改善了互联网技术与物流支付环节后，将会在迎来较大的发展空间。

有专家预测，在电子商务的各种商业模式中，B2B（企业与企业间的电子商务模式）的发展潜力巨大，因此，中国跨境电商在之后的发展中会逐渐将从前以B2C（企业与企业间的电子商务模式）为重点转移到以B2B（企业与企业间的电子商务模式）为重点的商业模式中来。现如今的跨境贸易电子商务已经将未来的主要发展策略制订完成，即大力推动制造型企业上线，从生产、销售两个方面加快外贸综合服务企业与现代物流企业的转型。相比跨境B2B（企业与企业间的电子商务模式）模式，跨境电商B2C（企业与消费者间的电子商务模式）模式存在较大缺陷，基础物流服务跟不上、本地化的售前售后服务难以满足、国际法务摩擦日益加大等。由于地区和距离的因素，加上海关通关、检验检疫，可能导致小包裹物流不稳定，而在法务问题上，做跨境B2C（企业与消费者间的电子商务模式）就是要跟世界各国的法务系统打交道，要熟悉各个国家的规则，若不借助本地商家的合作则会困难重重。

2.跨境电子支付结算方式多种多样

在跨境电子的支付业务中,外汇资金的流动是必不可少的,而资金结售汇与收付汇则是外汇资金流动的两种主要方式。现阶段,我国跨境电子支付结算方式主要有两种:即跨境支付购汇方式与跨境收入结汇方式。跨境支付购汇方式中又包含第三方购汇支付、境外电商接受人民币支付与通过国内银行购汇汇出三种形式。

第二章 电子商务的安全性

本章为电子商务的安全性。由于社会发展迅速,电子商务的广泛应用也为人们的日常生活与财物带来了一些安全隐患,本节分别从电子商务的安全概述、电子商务的安全管理和电子商务与法律三部分为大家阐述目前电子商务所面临的安全问题。

第一节 电子商务的安全概述

如今,电子商务行业发展迅速,而一系列有关电子商务的安全问题也随之而来。电子商务这种包含交易活动的商业模式是以计算机互联网为基础而产生的,只要商家与消费者在计算机的网络系统中进行交易活动,就不可避免地会在其中留下包括订货信息、支付信息与商务文件等商业机密。由于互联网具有高度开放性的特征,不法分子极易从计算机网络系统中非法获取有关信息,因此,互联网交易的安全问题已经不容忽视。

一、电子商务的安全问题

目前,电子商务活动主要在技术、管理与法律问题的安全方面受到了一定的威胁。

(一)电子商务安全的技术问题

在技术方面,电子商务主要存在安全漏洞、计算机病毒、黑客攻击、网络仿冒与信用风险等5个安全问题。

1. 安全漏洞

"木马"是特洛伊木马（Trojan Horse）的简称，也可以用它来表示不怀好意的软件，如那些窃取网银账号、证券账号、网游账号的程序以及监视屏幕、控制摄像头和话筒的窃密程序等。

木马要想在用户的计算机上运行，主要的手段是利用安全漏洞。有安全漏洞的软件就好比窗户上没插销的房子，而木马就好比小偷，如果房子装了一扇没有插销的窗户，小偷就很容易进来。随着计算机网络不断向前发展，在计算机系统中，显现出来的安全漏洞也越来越多，电子商务在这样的背景下，面临着极其严峻的安全挑战。例如，Windows 曾经出现了新型的"图片病毒"，一旦计算机用户点击特定的 JPG 格式图片，就会激活病毒，攻击代码，使文件被删除或硬盘格式化。

2. 计算机病毒

计算机病毒通常以计算机指令或程序代码的形式存在于计算机程序中，这种病毒能在极短的时间内自我复制，破坏计算机的功能、毁坏计算机中的数据、影响计算机的正常使用。

我们可以将计算机病毒分为良性病毒与恶性病毒两大类。良性病毒是指会在一定程度上让计算机工作程序存在异常，但不会对计算机内存储的数据造成破坏的病毒，如"小球"病毒、"台湾一号"和"维也纳"等。良性病毒一般比较容易判断，病毒发作时会尽可能地表现自己，虽然影响程序的正常运行，但重新启动后可继续工作；而恶性病毒却不只会毁坏计算机内的数据，有些还会对计算机的硬件造成毁灭性的破坏，使计算机系统完全瘫痪，例如，"米开朗琪罗""黑色星期五"和 CIH 病毒（计算机系统硬件病毒）等均属于此类。恶性病毒感染计算机后一般没有异常表现，它只会在计算机中隐藏得越来越深，在恶性病毒尚未发作期间，计算机仍能正常运行，一旦人们察觉到恶性病毒存在于计算机系统中，那么计算机中的数据或硬件必定已经遭到了破坏，造成的损失也不易挽回。

3. 黑客攻击

在电子商务领域，货币、财物、商业机密等都被转化为数据存储于计算机中，或在计算机网络中流通。这无疑对犯罪分子有巨大的诱惑力，使得该领域成为被黑客侵袭的重灾区。黑客的攻击手段可以分为以下几类：

第一，找到计算机系统中存在的安全漏洞，并将木马病毒通过漏洞植入计算机系统，进而篡改文件、窃取资料。

第二，通过一些隐蔽的手段对网页进行篡改，在网页中传播僵尸程序、间谍软件或控制僵尸网络的活动，这些手段之所以便于隐蔽，是因为控制这些僵尸程序的服务器通常都可以进行远程操作，有些服务器甚至有存在于境外。

第三，设置陷阱。在日常的网站管理活动中，有关人员难免会存在疏漏，对网络上某些存在风险隐患的链接掉以轻心，落入黑客设置的陷阱中，一旦点击链接，病毒代码就开始向计算机植入，并且找到合适的藏身之地，寻找机会对网站文件系统造成不可逆的伤害。

第四，口令破译。通过破译进入网络的口令，黑客就可以使用网络中的用户名与口令对网页进行篡改。

4. 网络仿冒

网络仿冒是指为了窃取金钱，不法分子会通过向受害者发送欺诈邮件或诱导受害者点击虚假网页等方式非法获取受害者的信用卡账号、用户名、密码与社会福利号码等。网络仿冒的方式主要是通过仿冒正规网站，使用户卸下心理防备，提供详细的个人信息，或者是通过在假冒网页、诱饵邮件中嵌入恶意代码的方式骗取用户的银行账号或口令等个人信息。现如今，网络仿冒对我国的网络安全威胁加剧，金融机构、银行与在线交易网站是网络仿冒的主要对象。不法分子经常会利用计算机系统中的安全漏洞侵入用户主机并收发一些含有电脑病毒链接的电子邮件。在使用互联网的众多用户中，有些用户缺少安全防范意识，将账户资料、信用卡号与交易密码等重要的个人信息填入仿冒网页的链接中，致使这些信息被不法分子掌握，导致账号里的钱财被窃取。

5. 信用风险

消费者在使用互联网的同时，也会面临一些信用风险，如消费者恶意透支信用卡、使用伪造的信用卡骗取卖方货物，或者是拖延卖家的货款，这些问题都会导致消费者出现信用问题，而卖家则需要为这些信用问题承担相应的安全风险。对于买家来说，需要承担的风险就是卖方无法按照合同规定，按质、按量、按时为买家运送货物。除此之外，在交易过程中，买卖双方都有可能存在不信守承诺的问题。

（二）电子商务安全的管理问题

想要从根本上降低电子商务在交易过程中的安全风险，我们就必须对交易网站或系统进行严格的管理。有资料研究显示，美国大部分的商务网站都有随时被黑客攻击的风险，而且他们毫无抵御能力，在涉及电子商务交易的企业中，绝大部分企业都曾存在网上信息失窃的情况，其中约有四分之一的企业，直接经济损失达到了25万美元以上。

电子商务交易的管理问题无处不在，这些管理问题从客户进入交易中心时就开始产生，一直到买方顺利收到自己所需的货物才结束。为了在管理问题中不出现或少出现安全问题，相关部门必须加快建立并不断完善企业内的安全管理制度。

在电子商务的安全管理方面，人员管理是最为重要的，同时也是现在的企业中最为薄弱的。近几年，我国计算机犯罪有向以内部人员作案为主方向发展的趋势，究其根本，就是工作人员缺乏一定的职业道德修养，没有建立起应有的安全意识，对岗位中的安全教育与管理较为懈怠。除此之外，安全管理员的职位在许多信息系统中都较为稀少，信息系统安全管理的技术规范也并不完善，企业内也不重视定期的安全测试与检查，对安全监控更是不上心。

（三）电子商务安全的法律保障问题

在电子商务安全的法律保障方面，主要有两方面内容：第一是电子商务的交易安全受到民商法的保护；第二是电子商务交易能否安全实现，有赖于计算机及网络自身的安全程度。我国正处于社会主义的初级阶段，在以上两方面的法律制度制订方面仍不完善，关于电子商务交易安全保护的条款也相对较少，因此，法律的滞后性也可能会导致电子商务交易的安全风险。

二、触发电子商务安全问题的原因

（一）人的因素

在任何商业交往中，人都是最关键的因素。在电子商务交易中，交易双方互相隔离，很难用传统的方法验证对方的身份，只有通过因特网交换信息才能完成交易，不确定性和隐蔽性是导致电子商务安全问题的因素。由于电子商务是一种全新的商务方式，参与电子商务交易的各方及系统管理人员道德素质的高低以及电子商务中所涉及的法律规范、安全技术等方面都有一个逐步健全和完善的过程，因此，在电子商务中人是一个非常重要的因素。

（二）网络的因素

网络是产生电子商务并且支撑电子商务不断发展的不竭动力，如果没有网络，电子商务也就成了一纸空谈。因此我们可以看出，电子商务是网络发展到一定时期的产物。在网络建立初期，安全性还没有纳入电子商务考虑的范围，只考虑了是否会由于网络局部故障影响信息的传输，正是由于这个原因，网络具有的全球性、开放性与共享性决定了电子商务在产生伊始就存在了信息安全问题，自然，黑客可以通过这个漏洞来传播病毒。

（三）管理的因素

目前从事电子商务的企业多数都欠缺管理。企业对病毒侵袭、黑客的攻击准备不足，所以我们要强调安全管理的重要性。电子商务安全与现代化企业中的信息保密相同，都强调"七分管理，三分技术"。

（四）技术的因素

在电子商务安全领域，对网络犯罪的有效反击与跟踪手段还未建立起来，因此，电子商务网站仍旧会遭受黑客的恶意攻击。其中不乏有些国家或企业故意碰触网站中关于安全的漏洞，他们这样做的目的是更好地发展自身的安全防范措施。在已经被开发出来的软件中，由于技术不成熟或其他原因，或多或少会存在一些漏洞，这也是黑客能进入网站的最主要原因。

（五）其他因素

电子商务的交易过程是建立在非常复杂的网络环境上的，运作过程基本是通过信息流在网上的传递实现的。因此，电子商务对系统安全的依赖性很强，特别是对数据库服务器的可靠性、网络通信设备以及数据的安全性要求很高。各种人为的因素以及自然的、物理的不安全因素都会给这样一个复杂的系统带来威胁。

三、电子商务的安全要求

电子商务的安全要求主要分为机密性、完整性、不可否认性、访问控制性与认证性等5个方面（表2-1-1）。

表2-1-1 电子商务的安全要求

安全要求	安全目标	内容	安全技术
机密性	信息的保密	保护机密信息不被非法存取以及信息在传输过程中不被非法窃取	加密
完整性	探测信息是否被篡改	防止信息在传输过程中丢失和重复以及非法用户对信息的恶意篡改	数字摘要、数字签名
不可否认性	不能否认信息的发送、接收及信息内容	有效防止通信或交易双方对已进行的业务的否认	数字签名、数字证书、时间戳
访问控制性	只有授权用户才能访问	保证系统、数据和服务能由合法人员访问	防火墙、口令、生物测定法
认证性	验证身份	确保交易信息的真实性和交易双方身份的合法性	数字签名、数字证书、口令、生物测定法

（一）机密性

对电子商务的机密性（security）来说，最主要的是信息不被泄露，这里的泄露是指泄露给没有得到授权的个人或实体。现如今，大部分的交易活动都是在网上进行的，因此，确保发送者与接收者之间传递信息的机密性就成为一项非常重要的工作。在当今时代，电子商务已经成为一项新型的贸易手段，而人们在利用这种手段进行商品交易的过程中，所产生的信息中势必会存在一些与个人、企业甚至国家有关的商业机密，这些商业机密毫无疑问是不能被所有人知晓的。如果消费者在进行交易的过程中不小心泄露了自己的信用卡账号或用户名等信息，那么就可能存在被盗刷信用卡的风险。同样，对于商家来说，如果订单等信息通过某种渠道被竞争对手知晓，也可能丧失商机。由于电子商务的无形性，加之其所处的网络环境是较为开放的，因此，电子商务企业不仅要预防非法信息的存取，还要保证信息在传输过程中不被非法窃取，只有这样才能确保关于交易的数据信息只向合法用户展示。一般情况下，我们可以通过对信息进行加密来使电子商务具备加密性。

（二）完整性

电子商务的完整性（integrity）要求在使用网络进行电子商务贸易活动时，对于数据信息必须保持一致，这样做是为了数据不被没有获得授权的用户访问、修改与破坏。尽管电子商务在将贸易过程大幅度缩减的同时也避免了不必要的人为干预，但在维护商业信息完整统一方面却仍有进步空间。在进行交易活动的过程中，极易造成贸易各方的信息差异，这是因为在数据输入的过程中产生了意外差错或出现了欺诈行为。除此之外，贸易各方的信息差异包括在数据传输过程中丢失信息、信息重复或产生的信息传递的次序差异。由于进行贸易的各方信息不完整，因此，各方的交易与经营策略也会受到相应的影响。由此我们可以看出，要想对电子商务进行全方位的应用，就必须保持贸易各方信息的完整。一般情况下，提取数字摘要是获取电子商务完整性的最主要方式。

（三）不可否认性

电子商务的不可否认性（non-repudiation）是指要在电子商务企业中建立行之有效的责任机制，这样能够为实体确认其行为提供保障。在客观世界中，商业情况是在随时变化的，而为了保护交易双方的利益，交易活动一旦达成，就不能被轻易改变，参与贸易活动的各方必须在电子交易通信的各个环节都坚守这一准则。在以往的以书面合同作为交易达成标志的交易模式中，人们可以通过合同、契约或贸易单据来约束贸易各方，在这种贸易模式中，能够有效防止抵赖行为的出现。而在现如今这种电子商务的贸易活动中，手写签名、印章这种约束方式是非常不容易达成的，因此，在现在进行的电子商务贸易活动中，主要是通过使用数字签名、数字证书与时间戳等来实现不可否认性的方式的获得。

（四）访问控制性

电子商务的访问控制性（access control）是在使用方式上对能控制使用资源

的人或实体进行约束，可以使非授权用户无法访问系统、数据与服务。电子商务的此项安全要求限制了主体访问客体的操作权力、进入物理区域以及使用计算机系统与计算机存储数据的过程。具体来说主要包括：人员限制、数据标识、权限控制、控制类型与风险分析等。要想实现电子商务的访问控制性，可以通过运用防火墙、口令与生物测定法等技术与建立相关制度措施的方式。

（五）认证性

电子商务的认证性（authenticity）是要求交易双方在交易过程中能验证身份，这样才尽可能地确保交易信息的真实性与交易双方身份的合法性。我们在上文中提到，电子商务具有无形性，即交易双方在进行交易活动时处在虚拟的网络中，交易双方很可能素不相识、相隔千里，所以交易双方要能在相互不见面的情况下确认对方的身份，在网络上与交易有关的商家、顾客、银行、信用卡公司等都要能证明他们各自的身份。鉴别服务可以通过特定的方法来验证某个人或实体之特定身份的正确性。认证性一般可通过数字证书、数字签名、提问、应答、口令、生物测定法等方式来获得。

第二节 电子商务的安全管理

电子商务的安全守护着商家和客户的重要机密，维护着商务系统的信誉和财产。为了对用户信息提供全方位的保护，如何使电子商务的应用环境更加安全，已经成为电子商务必须直面的问题。

一、人员管理制度

人是电子商务活动中的主要参与者，为了规避计算机网络犯罪的风险，必须加强网上交易人员的管理。

为了增强电子商务企业中工作人员的安全意识，实现电子商务企业内部的安全管理体制不断完善，必须将信息安全意识教育向企业内部的所有员工进行普及，使每个人都能理解信息安全对企业发展的重要性。企业内的系统管理员要恪尽职守，务必将维护系统安全放在首要位置，建立并不断完善可行的、详细的信息安全制度，力图将安全隐患排除，防患于未然。

（一）严格选拔网上交易和网络管理人员

为了使网上交易岗位的员工和网络管理人员都具备较强的专业能力与素养，在选拔网上交易与网络管理人员时，必须要通过严格的程序，选拔的人员也都必须具备传统市场交易的知识与经验，能掌握基本的计算机网络知识与操作技能。

（二）落实工作责任制

落实工作责任是指企业必须要求负责网上交易的员工在规定时间内完成相应的工作任务。在此期间，企业员工必须严格遵守企业内执行的网上交易安全制度，除此之外，对于网上交易人员的责任分配，企业要相对明确，使企业内员工违反网上交易安全规定的可能性降至最低，在对待某些已经构成违反规定事实的员工时，必须严肃处理。

网络管理人员的主要职责有三项。第一，保障本部门计算机网络安全运行；第二，监督企业内员工对安全规章制度的执行；第三，收集计算机网络运行过程中的安全记录并不断改进安全管理制度。

（三）贯彻电子商务安全运作基本原则

第一，对重要的电子商务业务，应该避免个人单独管理，应在企业内建立有关机制，使两人或多人共同管理一项业务；

第二，企业内的员工不得在与交易安全有关的岗位上长期任职；

第三，企业要向员工说明，物理访问必须由网络管理员进行，软件安装工作也只能由网络人员负责。

二、保密制度

在电子商务企业中，完善的保密制度与相应的保密措施是必不可少的，这是因为网上交易势必会涉及一些保密信息，如，用户的隐私、密钥以及企业的生产、财物与供应等问题。在这些问题中，又分为三个安全级别，第一是能让客户随意访问的信息；第二是公司普通员工能够访问的信息；第三则是只有企业内高级员工才能访问的信息。

许多电子商务企业的网上交易行为都会涉及非常多的机密信息，为了防止用户与企业的信息泄露，我们必须对信息的安全级别做出详细的划分，并且确定需要重点防范的安全领域，为这些领域建立合理有效的保密措施。现阶段，企业内部的信息安全级别共有三级；第一是包括企业经营状况报告、订货和出货价格与企业发展规划在内的绝密级，这些内容不能在互联网上公开，只能由企业的高层人员掌握；第二是囊括企业日常管理情况与会议通知的机密级，本级内容也属于不能在互联网上公开，这些信息只供企业内中层以上的人员使用；第三则是包含公司简介、新产品介绍与订货方式在内的秘密级，这一级信息的保密制度虽然远不如前两级，但也需要在其中安装防止黑客入侵的保护程序。

保密工作的主要内容有两项：第一是要加强对密码、口令和授权的管理，对密码与口令要进行定时更换；第二是要加强对密钥的管理，密钥在网上交易的过程是一个非常重要的存在，企业内相关人员在管理密钥时，必须要紧盯密钥的产生、传递和销毁的全过程，同时还要注意定期更换密钥，这样才能最大程度规避被黑客破译的风险。

三、跟踪、审计、稽核制度

跟踪、审计和稽核制度是一个电子商务企业中关于运行安全最不可或缺的制度，这三项制度就是指企业必须定时对电子商务系统进行审计跟踪，无论是使用人工还是使用自动的方式。同时，务必要将完整的审计记录与详尽的审计日志留存好以备查验。在审计跟踪环节，安全功能有三项：第一是对系统状态的变化进行及时的记录与跟踪；第二是定位各种已经发生的安全事故；第三是对已经完成的审计日志进行妥善保管与定期维护。

企业内建立网络交易系统日志机制是跟踪制度的根本要求，这项机制的建立能将系统在运行过程中出现的问题毫无遗漏地记录下来。在这个机制中，能自动生成包含操作日期、操作方式、登录次数、运行时间和交易内容等在内的系统日志文件。其存在的作用有两个：第一是监督系统的运行、维护分析系统、排除系统故障；第二是预防安全事件发生或是为已发生的案件提供监督数据，协助侦破案件。

企业内有关安全的审计制度是指网络审计员要定期对系统的日志文件进行检查与审核工作，在发现存在系统入侵风险与违反系统安全功能的记录时，要及时监控、捕捉各种安全事件，对系统日志进行保存、维护和管理。

稽核制度简单来说是指工商管理部门与银行的税务人员在进行稽核业务的过程中，使用计算机和网络系统中的应用软件对辖区内电子商务企业经营活动的合理性与安全系统进行调阅、查询、审核和判断。这个制度的建立能为电子商务企业的交易活动保驾护航，同时，也能对缺乏安全系统的企业提出警告甚至做出处理与处罚。

四、系统维护制度

系统维护制度主要包括硬件和软件的日常管理和维护。

（一）硬件的日常管理和维护

我们平日里所说的网络设备、服务器、客户机和通信线路都是系统硬件的组成部分。

1. 网络设备

目前我国采用的维护网络设备的方式是在网络设备上安装一些网管软件，通过运行这些软件达到网络设备的自动管理与维护。这些用在管理与维护网络设备的软件具备五个作用：第一，自动识别、显示与管理网络的拓扑结构；第二，对网络系统进行相应的节点配置与管理；第三，自动检测系统故障并及时报告；第四，监控、统计、分析网络的流量与状态；第五，对网络性能进行调节优化与负载平衡。此外，在企业中也会存在一些没有安装网络管理软件的网络设备，对于这些网络设备，网络安全管理员应该通过手工操作检查网络状态，这样才能及时处理网络在运行过程中出现的一些突发故障。

2. 服务器和客户机

为了更好地维护服务器与客户机，建立系统设备档案库刻不容缓。网络安全管理员要在系统设备档案库中记录下设备型号、生产厂家、配置参数、安装时间、安装地点、IP 地址、上网目录和内容等。对服务器和客户机还应记录内存、硬盘容量和型号、终端型号及数量、多用户卡型号、操作系统名、数据库名等。

3. 通信线路

内部线路与租用线路是现在应用通信线路最常见的两种形式。从内部线路维护方面来看，采用结构化布线的方式优点是能最大限度地降低网络故障发生的频率，且在故障发生的时候也能及时排除，但缺点是在建网初期的资金投入较大。从租用线路维护方面来说，网络管理员必须对连通的通信线路做到心中有数，在出现故障时，要第一时间与电信部门取得联系，商议最快取得通信的方法。

（二）软件的日常管理和维护

计算机软件是指存在于一部计算机中，能实现一定功能的计算机指令的集合，我们可以按照所能够起的作用对计算机软件加以分类：第一类是操作系统；第二类是应用软件。对操作系统的维护，主要是通过定期清理日志文件与临时文件、定期整理文件系统、检测服务器的活动状态与用户注册数，以及处理运行中的死机情况实现的。而对于应用软件来说，日常的管理和维护工作则主要是版本控制。为了确保应用软件在各个客户机上的版本保持一致，应当在企业中设置安装服务器来辅助客户机进行远程安装。

五、数据备份制度

一般而言，我们说的运行安全中的备份与恢复就是对系统设备与系统数据进行备份与恢复。值得注意的是，对系统数据进行备份与恢复，我们可以采用的介质有以下几种：分别是磁介质、纸介质、光碟、缩微载体等。通常情况下，备份与恢复主要涉及以下三个方面的安全功能：其一，提供场点内高速度、大容量和自动的数据存储，并对它们进行备份与恢复；其二，提供场点之外的数据存储，进行备份与恢复，如使用专用的安全记录存储设施对存在于系统内部的主要数据进行备份；其三，提供对系统设备的备份。

六、病毒防范制度

在网络环境下，病毒传染性极强，在一定程度上会阻碍网络交易的顺利进行，也会威胁到交易数据的妥善保存。所以，任何从事网上交易的企业与个人都应当建立起严格的病毒防范制度，尽全力阻隔病毒的侵入。

（一）安装防病毒软件

在对杀毒软件进行选择的时候应当选用先进可靠的防病毒软件，毕竟，很多性能良好的防病毒软件能随着不断发展的病毒而不断地升级，并且能同时防杀单机病毒与网络病毒。通常情况下，我们见到的防病毒软件主要有以下两种：分别是单机版的防病毒产品与联机版的防病毒产品。其中，单机版的防病毒产品属于事后杀毒，只有在系统被病毒感染后才能体现出这种杀毒软件的作用，这种杀毒软件比较适合个人用户使用。联机版防病毒软件能进行事前的防范，具体来说，这种杀毒软件能在病毒侵入系统之前就对其进行处理，从而将病毒抵挡在系统之外。

（二）不打开陌生地址的电子邮件

通过电子邮件进行传播的病毒主要是利用附件进行传播。值得注意的是，Word（微软文字处理软件）本身存在着夹带宏病毒的可能性，所以，若是收到标注为陌生地址的电子邮件，在进行网络交易的时候不管是 Word 文件还是执行文件都不应当打开。

（三）定期清理病毒

很多病毒都存在着一个潜伏期，若我们对病毒进行定期清理，就能在一定程度上清理掉处于潜伏期的病毒，为防止病毒突然爆发，我们需要确保自己的计算机一直处于一个良好的工作状态。

（四）控制权限

在控制权限方面，我们应该对计算机操作系统中存在的安全功能与安全机制进行充分的利用，并对存取控制进行一定程度上的加强，有效防止非法用户的进入。我们还可以对网络系统中存在易感染病毒的文件属性、权限进行一定程度上的限制，确保用户只获取只读权限，彻底断绝外来的病毒入侵，从而实现预防目的。

（五）警惕网络陷阱

在互联网上经常会出现一些十分诱人的广告或者某些产品可以免费使用的承诺，这些很可能是骗局，因而告诫我们在进行网上交易的时候应该时刻保持高度的警惕。

七、应急措施

一般而言，我们说的电子商务在运行过程中存在的灾难事件为那些直接导致进行交易活动的计算机无法正常工作的事件，如，洪水、地震或是其他的一些自然灾害，又如，发电厂事故、信息服务商的问题等也会直接导致计算机系统不能正常运行。除此之外，计算机本身也可能会导致灾难的发生，比如，系统在升级的时候出现了差错、系统管理员进行了恶意的操作、备份中心出现故障等都会导致一些重要数据的丢失，进而引发计算机系统的灾难。

应急措施就是指在计算机遇到灾难性事件时，可以直接开启应急计划，使用各种辅助软件与应急措施对存在的各种灾难和故障进行排除，确保计算机能继续正常运行或者是短时间内恢复正常的运行。在最初启动电子商务业务的时候，就需要制定相应的交易安全计划和应急方案，以防出现意外。若是不幸遭遇意外，可以通过应急预案最大限度地减少自己所遭受的损失，并尽快恢复系统的正常运行，确保交易可以正常运行。若是遇到紧急事故，需要利用各种应急措施以保障计算机可以继续运行或者是短时间内恢复正常运行，例如，使用瞬时复制技术、远程磁盘镜像技术和数据库恢复技术等。

第三节　电子商务与法律

在一个能健全发展的文明社会中，任何合法的经济活动都应当受到法律的保护。电子商务本身属于一种新型的商务形式，若想要人们接受它，对付出信任，就应当建立起符合法律法规的社会信誉与规范的秩序，利用完善的法律法规来解决电子商务存在的安全问题。

一、电子商务安全性方面的法规问题

（一）用户隐私权

互联网本身属于一种全新的通信媒体，有着多种特点，分别为全球性、传播性、公开性和互动性。值得注意的是，互联网是世界上第一个允许任何一个国家的用户自由地发布信息和从事商务的媒体。在互联网进行浏览的用户所访问过的任何一个网站或是链接都会被清晰地记录下来，这些数据能真实地反映出一个人在网络上的生活情况，由此就引申出了一个经典的问题，就是用户的隐私权问题。

当我们在网上进行浏览或者购物的时候，常常会有一些网站需要我们提供自己的资料，很多时候，这些资料会涉及隐私，但是相关网站的经营者并不会明确指出是否会对收集到的资料进行保护，甚至有些商家会直接将收集到的用户资料进行出售或出租。正是因为电子商务使消费者的个人资料存在泄露风险，所以越来越多的消费者开始对网上交易产生顾虑，这就在很大程度上阻碍了电子商务的发展。所以，为保障电子商务能顺利发展，就应当通过立法的方式对参与网上交易的网络商户进行监督，使他们明确告知用户自己所收集的种种消费者的个人信息会被用到什么地方，并且使商户明白若是未经用户允许泄露用户的资料会承担什么样的责任。

（二）加密和解密系统

对用户所提供的信息，特别是与网络上支付结算相关的信息的安全性和可靠性，电子商务有着十分严格的要求。但是需要注意的是，在互联网相关信息的传递主要是依靠无数个联网的电脑进行，并且，这些信息在网络中所行走的路径并不能被预测。所以，消费者在进行网络购物的时候，会因为种种疑虑而不信任网络上所披露的种种并未经过加密的支付结算信息，这在一定程度上对电子商务的发展造成了阻碍。1999年10月，国务院曾颁发商用密码管理条例，这一条例涉及对加密和解密技术软件，设备和产品的开发、生产、销售以及使用实行专控管理制度。但是需要注意的是，这项条例十分简单，在操作过程中存在种种问题，需要我们利用行政法规对其进行规范。

（三）安全性认证

作为电子商务中的核心角色，认证中心（Certificate Authority，CA）本身承担着保证电子商务的公正以及能安全进行的任务。同样的，我国也应当在全国的范围内建立起一个有着权威性且完全独立的非政府的认证机构，并建立起一套较为完善的集中领导与分级管理的认证体系。需要注意的是，对认证中心所设立的程序与资格以及应当承担何种法律义务与责任，都应该是由国家的法律对其进行规定，国家相关法律还应当规定认证中心的监管部门、监管方法以及违规之后的处罚措施。

（四）计算机犯罪

随着近年来我国的飞速发展，互联网的用户数量也在不断地增长，与此同时，也出现了越来越多的利用互联网进行犯罪的人，这些违法犯罪活动主要有侵权行为、侵犯个人隐私和商业机密甚至是国家机密行为等。尽管现阶段我们所见到的计算机犯罪并不算多，但也应当未雨绸缪，不断对现有的相关法律法规进一步进行健全与完善，并积极对发现的各种计算机犯罪行为进行制裁。

二、当前我国电子商务安全的法律法规

为切实保障电子商务交易的正常进行，我们应当对已经颁布的与交易安全、计算机安全相关的法律法规进行充分的理解与利用，在不断地探索中，逐渐建立起我国的电子商务的法律制度，并对其加以完善。

（一）我国涉及交易安全的法律法规

商品在现代社会的各个环节中承担着十分重要的作用。具体来说，在我国现行的诸多与交易安全相关的法律法规中，主要可以分为四类：

第一，综合性法律。其中主要包含在《中华人民共和国民法典》与《刑法》中与保护交易安全相关的条文。

第二，规范交易主体的有关法律。如公司法、国有企业法、集体企业法、私营企业法、外资企业法等。

第三，规范交易行为的有关法律。主要包含经济合同法、消费者权益保护法、广告法等。

第四，监督交易行为的有关法律。如会计法、审计法、银行法等。

2005年4月18日，由我国的电子商务协会政策法律委员会组织相关企业起草的《网上交易平台服务自律规范》正式向全社会发布。

2006年颁布的《中华人民共和国第十一个五年规划》明确指出"积极发展电子商务"是一项十分重要的任务。这个文件对"建立健全电子商务基础设施、法律环境、信用和安全认证体系，建设安全、便捷在线支付服务平台"进行了强调[1]。

2007年3月6日，商务部正式发布了《关于网上交易的指导意见（暂行）》，主要是为了对国务院办公厅发布的《关于加快电子商务发展的若干意见》文件精神进行深入的贯彻落实，逐步对网上交易的相关行为进行进一步的规范，旨在有效推动的健康发展。其还在一定程度上对网上交易各方开展网上交易给予了帮助与鼓励，并对可能存在的网上交易的风险进行警惕与防范。

2007年12月17日，商务部公布了《商务部关于促进电子商务规范发展的意见》，旨在对电子商务的发展进行规范，并引导交易参与方对现有的各类市场行为加以规范，从而有效防范市场风险，积极化解交易矛盾，最终有效促进电子商务的健康发展。

2008年4月，为了对网络上存在的交易行为进行进一步的规范，促进电子商务持续且健康的发展，由商务部起草的《网络购物服务规范》正式发布。

2009年4月，由中国人民银行、中国银保监会、公安部和国家市场监督管理总局合力发布了《关于加强银行卡安全管理预防和打击银行卡犯罪的通知》，该

---

[1] 中华人民共和国国民经济和社会发展第十一个五年规划纲要[N].人民日报，2006-03-17（001）.

通知的发布正式表明，我国的监管部门开始进一步加强对第三方的支付企业的监管力度。

《中华人民共和国消费者权益保护法》（以下简称"新《消保法》"）[1]于2013年10月25日经第十二届全国人大常委会第五次会议表决通过，2014年3月15日起开始实施。在新《消保法》中，正式提出了第三方网络交易平台的先行赔付制度。具体来说，这项制度是保障消费者在发现网上购买的商品存在问题时可以直接找到网络交易的平台进行交涉，若情况属实，该平台需要先行赔付。新《消保法》规定，网络交易平台提供者明知或应知销售者或服务者利用其平台侵害消费者合法权益，未采取必要措施的，依法与该销售者或服务者承担连带责任。新《消保法》规定，经营者采用网络、电视、电话、诱购等方式销售商品，消费者有权自收到商品之日起七日内退货，且无须说明理由，同时为防止权力滥用，有关条款也列明不宜退货的情形。在新《消保法》中明确规定，经营者收集、使用消费者个人信息，应当遵循合法、正当、必要的原则，明示收集、使用信息的目的、方式和范围，并且经过消费者同意。

我国法律对交易安全的研究起步较晚，虽然上述法律制度体现了交易安全的思想，但今后还需要对相关的法律法规进一步完善。

（二）我国涉及计算机安全的法律法规

20世纪80年代，我国正式开始了对计算机安全的立法工作。1986年4月，公安部正式开始草拟与计算机信息系统安全相关的条例，即《中华人民共和国计算机信息系统安全保护条例》。1988年9月，正式通过了《中华人民共和国保守国家秘密法》，其中第三章第十七条中就提到"采用电子信息等技术存取、处理、传递国家秘密的办法，由国家保密工作部门会同中央有关机关规定"[2]。

1991年5月24日，国务院正式通过了《计算机软件保护条例》，这项条例发布的主要目的是保护计算机软件设计人的权益，对计算机软件在开发、传播与使用的过程中发生的种种利益关系进行一定程度上的调整，并积极鼓励各种计算机

---

[1] 中华人民共和国消费者权益保护法[J]. 中华人民共和国全国人民代表大会常务委员会公报，2013（06）：789-795.

[2] 中华人民共和国保守国家秘密法[J]. 中华人民共和国国务院公报，1988（19）：621-625.

软件的开发与流通，这项条例主要是以《中华人民共和国著作权法》的规定为参照而规定的。

1994年2月18日，国务院第147号令正式发布了《中华人民共和国计算机信息系统安全保护条例》，该条例主要是在对计算机信息系统的安全进行保护，以便为计算机的应用与发展保驾护航，通过建立法律保障切实维护经济建设的顺利进行。这项条例有着十分鲜明的特点，通过安全管理与安全监察相结合的方式对计算机的资产进行保护。

伴随互联网在我国逐渐普及，为切实保障国际计算机信息交流的健康发展，我国在1996年2月，经国务院正式发布了《中华人民共和国计算机信息网络国际联网管理暂行规定》，明确了对互联网实行统筹规划、统一标准、分级管理、促进发展的基本原则。1997年5月，国务院又对相关规定进行了修改，并且增设了国际联网的主管部门，增添了经营许可证制度。同时，公安部颁布了《计算机信息网络国际联网安全保护管理办法》，原邮电部发布了《国际互联网出入信道管理办法》，在这一管理办法中，不仅对相关的安全责任进行了明确，还将重点放置在对信息的初入关口进行严格把握并且设立监测点等方式上，通过以上多种办法，进一步加强了对国际互联网络使用的监督与管理。

1996年3月，我国国家新闻出版署正式发布了《电子出版物暂行规定》；2002年5月，文化部发布了《关于加强网络文化市场管理的通知》；同年，国家新闻出版署又与信息产业部联合，发布了《互联网出版管理暂行规定》。通过上述文件的发布，网络文化信息的安全交流得到了切实的保障。

1997年10月1日起正式生效的《中华人民共和国刑法》中增加了一项罪名，即计算机犯罪，其中包含多种罪名，如非法侵入计算机系统罪、破坏计算机系统数据程序罪等。

1997年6月，我国正式发布了《中国互联网络域名注册暂行管理办法》和《中国互联网络域名注册实施细则》。2000年11月，信息产业部发布了《关于互联网中文域名管理的通告》。2002年8月《中国互联网络域名管理办法》正式发布，由此我国对互联网络域名系统的管理正式形成了管理办法。

我国在2005年4月1日正式颁布实施《中华人民共和国电子签名法》，这个法规正式赋予了可靠电子签名手写签名和盖章同等的法律效力，并且对电子认证服务相关市场存在的准入制度进行了明确。

国家密码管理局在 2005 年 3 月 31 日正式颁布了《电子认证服务密码管理办法》。

2008 年 4 月发布的《国民经济和社会发展信息化"十一五"规划》中明确提出，应当对现有的市场准入限制进行放宽并加强政策的引导，积极鼓励社会资金参与信息化建设，最终营造出一个良好的财税政策环境，对现有信息服务领域的各项扶持政策进行进一步的完善。

（三）我国保护计算机网络安全的法律法规

1. 加强国际互联网出入信道的管理

《中华人民共和国计算机网络国际联网管理暂行规定》对我国境内存在的计算机互联网进行了规定，明确了我国境内的计算机互联网必须使用国家公用电信网提供的国际出入信道进行国际联网。任何单位或者个人都不能自行建立或者使用其他信道进行国际联网。除了将国际出入口局作为国家总关口，我国信息产业部还将国内的公用计算机互联网划分为全国骨干网和各省、市、自治区、直辖市接入网，由此来进行分层管理，便于对国内的入网信息进行一定程度上的过滤、隔离与监测。

2. 市场准入制度

《中华人民共和国计算机网络国际联网管理暂行规定》对国内一些从事国际互联网经营活动或从事非经营活动接入单位的条件进行了规定。在这一规定中，相关的接入单位应当属于依法设立的企业法人或者事业单位，并且该接入单位应当具备合适的计算机信息网络、装备和相应的技术人员和管理人员，还有健全的安全保密管理制度和技术保护措施，各方面都符合法律与国务院规定的其他条件。在该条例中还规定了所有需要国际联网的计算机信息系统都应当由该计算机信息系统的使用单位报省级以上的人民政府公安机关进行备案。

3. 安全责任

《中华人民共和国计算机信息网络国际联网管理暂行规定》对从事互联网业

务的单位和个人进行了规定，需要对国家的相关法律、行政法规进行严格遵守，并对所订立的安全保密制度进行严格执行，该规定还规定了不可使用互联网进行危害国家安全、泄露国家秘密等违法犯罪活动，也不可制作、查阅、复制和传播妨碍社会治安的信息以及淫秽色情等信息。

三、加快电子商务安全的法律法规建设

我国通过颁布以上法律法规，切实保障了网络安全与电子商务安全，需要注意的是，上述的法律法规仍然存在着诸多不完善之处。所以，我们应对现有与交易安全、计算机安全相关的法律法规进行充分利用，以有效保证电子商务的交易工作可以正常进行，并结合实际，在不断的探索中对现有的电子商务法律制度进行完善，使其能更加适合中国国情。

（一）电子商务安全的法律法规建设步骤

伴随互联网技术的飞速发展，与电子商务建设相关的问题也层出不穷，现阶段我们所面临的种种未能解决的理论与实践问题数不胜数，所以，为了能更好地保证电子商务健康且正常的发展，电子商务安全相关的法律法规建设应当依照以下几个步骤，并逐步进行实施与完善：

其一，对国外先进的立法经验进行借鉴。我们可以结合国内的实际情况，积极吸取并借鉴现今国外的立法经验，对我国现行的法律体系进行修改与补充，使之更为科学与完善。

其二，通过法规带动法律建设。可以先制定一些适合的法规，并在法规成熟之后制定对应的法律。

其三，以地方性的法规建设为先导，有效促进地方相关法律的建设。我们可以将一些条件成熟的地区作为试点，为当地制定相应的法规，并且在日后的不断施行中积累经验，最终实现地方的立法。

其四，建立起重要的部门与行业的法规，从而为电子商务的安全法律地位提供更多保障。

其五，坚持执法必严，违法必究。应当建立起对信息安全案件诉讼与公、检、

法机关办案有利的制度，有效提高执法的效率与质量。

（二）健全电子商务安全的法律法规

为了保障电子商务的安全，绝对不能仅仅依靠单一的技术手段，必须要通过法律手段、行政手段和技术手段的完美结合，对参与电子商务中各方利益进行保护。所以，我国应尽快出台以下几个方面相关的法律法规来保障电子商务的安全：

1. 有关认证中心的法律

作为电子商务中的核心角色，CA（电子认证服务）中心承担着对电子商务的公正与安全加以保证的任务。所以说，CA（电子认证服务）中心的设立程序、资格以及所需要承担的法律义务与责任都必然需要国家的法律进行规定。并且，法律还需要同时规定对CA（电子认证服务）中心进行监管的部门与实行的监管办法以及若是CA（电子认证服务）中心出现违规情况之后应当对采取何种处罚措施。

2. 有关保护个人隐私和秘密的法律

始终坚持以最小的限度收集个人的数据，以最大的限度对个人隐私加以保护，并以此为原则制定相关法律，以便能在很大程度上消除人们对电子商务泄露个人隐私与重要个人信息的忧虑，从而吸引更多的人上网开展电子商务。

3. 有关电子合同的法律

为保障电子商务的安全，应该制定相关的法律法规明确电子合同的法律效力、数字签名和电子商务凭证的合法性，除此之外还要对伪造、变更电子商务凭证、电子支付数据等行为进行对应的法律处罚规定。

4. 有关电子商务的消费者权益保护的法律

在网络交易过程中，消费者会对交易的信任寄托于CA中心与银行等，在消费者面临商家不付货物、不按时付货或者是货不符实的时候，可以由银行先对消费者进行赔偿，之后由银行对商家进行追偿。若是某位商家多次出现违规情况，银行可以根据该商家造成的最终后果对商家进行取消电子账号的处罚，之后还需要将该商家的违规情况通报给CA中心。若是情节严重，应当对商家进行取消数字证书的处罚，若是取消数字证书，商家就不再拥有开展电子商务的权利。

5.有关网络知识产权保护的法律

因为网络的出现与普及,知识产权的保护面临着新的挑战。所以,我们在对技术保护措施进行研究的时候需要为其建立足够安全可靠的法律框架,这样就能在之后遇到假冒伪劣或是欺诈等违法行为的时候提供及时有效的法律援助。

电子商务安全保障本质上属于一项十分复杂的系统工程,其中涉及多个方面,为了实现整体安全性,我们必须将技术措施、管理措施和法律措施进行紧密地结合,从而对我国电子商务的健康发展加以保障。

第三章　电子商务技术的发展

本章为电子商务技术的发展，共包含四节内容：第一节为信息化基础设施与信息处理技术。第二节为网民基础与网络技术。第三节为电子商务的发展新动力。第四节为电子商务的发展趋势展望。

第一节　信息化基础设施与信息处理技术

一、信息化基础设施

计算机开启了现代信息处理技术，但真正把人类带入信息社会的还是互联网的发展。信息化基础设施主要是指网络和网络的集合。互联网的普及度、带宽和资费问题是信息化基础设施建设中的关键问题，也是制约电子商务发展的关键问题。从电子商务的界定就可以看出，网络是电子商务活动的载体。信息化的基础设施从以下几个方面影响着电子商务的发展：

第一，互联网的普及度决定了电子商务的发展范围，没有网络的普及，电子商务只能作为运营商曲高和寡的阳春白雪，无法形成整体的商务体系和规模。没有网络的普及度，就没有电子商务的大范围发展。

第二，带宽决定了电子商务发展的深度。电子商务交易的不仅仅是实物商品，也包括无形服务、交流平台、资讯展示、图影设计、数据服务等。这些数据和资料的上传与下载，需要足够的网络带宽予以支撑，即时的语音和数据传输也需要带宽的支持，这些都是电子商务增值服务的重要方面。

第三，资费问题是制约电子商务发展的重要因素。集购物、休闲、娱乐于一体的电子商务，让人们滞留其中的时间越来越多，宽带资费也成为平台商、供货方和消费者比较关注的话题，过高的资费会限制电商的发展。

美国是积极部署互联网基础设施的典范。2010年，美国正式提出了宽带计划，并且开始围绕这一目标完善政策与标准，抓紧时间培育竞争性的市场环境，积极提供市场支持，稳步推进无限宽带的基础设施建设，加快推进宽带普遍服务和宽带应用，鼓励竞争并且对消费者的权益进行最大限度的维护等。

2010年，美国正式确立了宽带计划，计划中设定了截至2020年的宽带建设的六大目标：其一，需要确保至少一亿的美国家庭能负担得起100Mb/s实际下载速度与50Mb/s实际上传速度的宽带服务；其二，美国在移动创新方面应当领先于世界，且国内的无线网络应当是世界上速度最快且分布最广泛的；其三，确保每位美国的公民都可以得起强大的宽带服务费用并且有着对应的手段与技能能够进行需要服务的订购；其四，保证给每个美国社区都能享有至少1Gb/s的宽带服务，在需要的时候能够及时访问学校、医院、政府部门等重要机构；其五，为了确保每个美国公民的安全都能得到保障，所有的应急响应人员都应当能接入全国范围的无线互操作宽带公共安全网络；其六，为了引领清洁能源经济，每位美国公民都应当可以使用宽带对自己的实时能源消耗进行跟踪与管理。

为了实现政府所订立的宽带目标，美国主要采取以下几个方面的积极措施：

一方面，需要保证宽带生态系统中的市场竞争秩序是合理的。美国的宽带生态系统之所以能飞速发展，主要是因为私人部门的投资与创新的支持。因为这一系统中包含网络服务、设备、应用和内容，所以，必须保证系统内部的竞争环境是良好且有序的，以便消费者利益、创新和投资收益实现最大化。为了保证宽带生态系统内的市场竞争秩序足够合理，美国联邦通信委员会和相关机构主要采取了以下一系列的措施：第一，需要联邦通信委员会和其他机构需要对与宽带定价和竞争的市场细节信息进行收集、分析、对比和公布，以便对存在的一些影响合理布局与市场分割的竞争行为进行合理的改善与纠正；第二，应当确保提供宽带服务的供应商的信息足够透明，从而保证用户能根据已知的信息选择供应商，更好地确保众多供应商可以依靠自身的实际表现来获取用户资源；第三，对所有的竞争规则进行全面评价，以保证固定与移动的宽带服务处于竞争有序的状态下；

第四，对一些免许可的频谱资源进行释放与分配，确保创新与竞争性的进入；第五，对无线回程线路频谱规则进行升级，以便更好地覆盖城市和农村；第六，加快推行数据漫游行动，以实现范围广泛、无缝和竞争性的覆盖，还要鼓励移动宽带的供应商加入网络建设当中，有效促进进入和竞争。

另一方面，利用宽带扶持基金等项目进一步加强财政资金的扶持。为了确保美国宽带具备普适性，从而有效推动美国宽带计划的稳步实施，美国进一步加强对宽带的财政支持力度。美国的宽带扶持基金主要包含《美国复兴与再投资法案》中设立的72亿美元的宽带发展基金与每年征集的普遍服务基金。美国宽带发展基金主要用来对网络基础设施、部署安全的公共无线宽带网络、公共计算机中心和推进宽带应用项目进行投资。截至目前，该项基金已经取得了较为良好的效果。在2011年10月的时候，美国联邦通信委员会就通过了一项主要针对普遍服务基金和运营商间补偿制度的改革计划，该计划主要是为了创立有着45亿美元年度预算的"链接美国基金"，主要目的是承担宽带与语音，使众多生活在乡村中的美国公民能享受到至少4Mb/s的下载速度的宽带服务，这项计划主要通过链接美国基金降低在人口稀少地区建设并运营高速互联网的高昂的投资成本，吸引众多企业在这些地方进行投资。美国联邦通信委员会曾经预测到，在未来的6年时间里，宽带计划能为美国带来超过500亿美元的经济增长，随之有大约50万个就业机会出现。与此同时，伴随着时代的发展，美国也真切地意识到移动宽带会占据的重要地位，所以在计划中，美国将宽带设定在为了独立的普遍服务目标，并希望通过制订设立移动基金的计划提供专门的服务支持。预计这项基金能为超过百万人带来先进的移动宽带。

美国联邦通信委员会主要负责实施和电信领域相关的法律，是国会的附属机构，权力也是由国会赋予的。没有国会的授权，美国联邦通信委员会没有任何实施相关法案的权力。美国联邦通信委员会的管辖权限需要和美国的50个州共同分担，每一个州都可以制定在本州施行的电信政策的工作、生活和旅游法案，也包括专为部落地区提供的支持。

除此之外，还包括对具体的政策标准进行完善，以便有效推动宽带的效益实现最大化。

美国的宽带计划十分重视发挥宽带建设在教育、健康医疗、能源环境等各项公共服务领域的作用。例如，在教育领域中，需要对联邦通信委员会教育折扣（E-Rate）项目进行升级，并对学校与图书馆的连接进行改善；通过对有效的解决方案加以推广就能使无线连接项目为学习设备提供资金支持，最终确保学生能在家进行学习，由此不但能增加灵活性，也能有效提升项目的效率，进一步实现创新发展；通过对数字内容和学习系统的创建进行增强，从而消除规则的障碍，进一步提升教学素养，促进在线学习；采用电子教育的记录并对教育资金数据使用的透明度进行改善，以此来有效促进个性化学习与决策支持等。在健康医疗领域中，为更好地提升健康医疗的质量并进一步降低成本，对医疗的方法与过程加强掌握，有效促进数据的获取与使用，应当通过农村健康医疗项目帮助相关人员介入可以负担的宽带。

2012年，中国正式启动了宽带的普及与提速工程，进一步加强网络基础，并且订立了总体目标，分别为：建光网、提速度、促普及、扩应用、降资费、惠民生。与此同时，工信部联合七部门共同印发的《关于实施宽带普及提速工程的意见》正式启动了全国性的宽带普及提速工程。宽带普及提速工程的启动，是我国宽带中国战略中的关键一步，是加快建设宽带、融合、安全、泛在的下一代国家信息基础设施的关键步骤，也是促进宽带建设与发展、提升用户宽带上网体验和宽带使用的性价比、充分发挥宽带网络对国民经济和社会发展的基础和促进作用的重要举措。

二、信息处理技术

信息处理技术的演化路径为从文字处理到图像处理，再到多媒体处理技术。随着网络技术的发展、网络带宽的增加、信息交换速度的加快，人类正在迈入大数据时代。

大数据，又称巨量资料，指的是所涉及的数据资料量规模巨大到无法通过人脑甚至主流软件工具在合理的时间内完成撷取、管理、处理并整理为帮助企业经营决策的资讯。大数据的特点是数据量大、数据种类多、要求实时性强、数据所蕴藏的价值大。大数据已然无法用人脑来推算、估测，或者用单台的计算机进行处理，若想对其进行处理就必然要用到分布式计算架构，该计算机依托于云计算的分布式处理、分布式数据库以及云存储和虚拟化技术，因此，大数据的挖掘和处理前提是云计算。

伴随着云计算和大数据应用的成熟，虚拟现实（VR）和人工智能（AI）也发展起来，这是信息处理技术和科技应用必然的趋势。如果 VR 只是单纯代替眼睛功能的话，那它仅仅是新一代显示屏；如果信息处理技术能力能跟上的话，它还能变成一个具备交互、计算、感知能力的结合体，这样就可以将它称为下一代通用计算平台。在大数据处理技术成熟以前，依靠人工智能算法，AI 虽取得一定进展，但总是不如人意；在大数据处理技术爆发的今天，借助海量数据和高速计算能力以及"深度学习"算法，AI 的发展速度超乎人们的想象。2016 年 3 月，Google 公司的 AlphaGo 战胜了李世石围棋九段，成为第一个战胜人类九段的 AI，这在 AI 发展史上是具有历史意义的。

随着人工智能技术的成熟，人类社会的发展也将迎来更加深刻的变化。

第二节　网民基础与网络技术

一、网民基础

网民数量的增长是电子商务发展的基石。商业的发展和演进逐渐融入最新的技术与工具，由终端的消费者发起使用，扩大规模，再由经营者抓住商机，培育市场，形成自己的商业模式。网民数量的增长与电子商务的发展呈正相关。谁抓住了消费者的眼球，谁就把握住了商机。互联网时代，网络把消费者的眼球聚焦在了网络的各种应用和服务方面，电子商务服务商很好地利用和扩大了这一优势。在互联网发展的初期，网络普及度不高，网民数量少，互联网对大多数人来讲还是新鲜事物，很多人只是把网络作为浏览信息和传递信息的基础性工具。尽管有人较早地看到了商机的存在，但是市场的不成熟，仍然让一批早期的探险者在网络经济泡沫破灭时折戟沉沙。随着互联网的普及和渠道的多样化，人们对网络的应用增多，从辅助性的浏览、传递信息，到简单的休闲娱乐、信息查找，再到互动性的交流，越来越多的人开始使用互联网进行学习、工作和休闲，网络空间被逐步开发。由此，潜在的商机变成了现实的机遇，早期坚持下来的互联网企业和新加入的企业抓住了这样的机遇。人的需求是无限的，一个需求被满足，就会有新的需求产生，电子商务使大众需求变为更加精准化、便捷化的服务，很多被忽略的小众需求得到满足。网络的互动性让终端消费者开始不断介入商务的设计、生产、议价等多个环节。可以说，只要有足够的网络消费者，电子商务的规模就会持续增加，商务模式创新就会不断产生。

（一）网民规模

1. 总体网民规模

以 2017 年 12 月为截止日期，我国已经拥有 7.72 亿网民，值得注意的是，仅在 2017 年一年，在全国范围内就已经增加了 4074 万新的网民。2017 年，我国互联网普及率就已经达到了 55.8%，这一数据相较于 2016 年年底已经增长了 2.6%。

如图 3-2-1 所示，我国网民规模一直以来都是稳步增长的，主要原因为伴随着互联网模式的不断创新，线上与线下的服务也在不断融合，公共服务业逐渐实现了线上化。2016 年我国的互联网产业发展迅速，融合进程也在加快，伴随着"中国制造 2025"的全面实施，工业互联网也在全力推进，在此过程中，"互联网+"在为传统产业升级提供助力；在不断的发展过程中，互联网、大数据、人工智能和实体经济已经开始了深度融合，各行各业都在追求转型升级；如今的数字经济已经成为经济发展的新引擎，在互联网与数字化的双重作用下，传统经济逐渐开始向互联网经济进行转型升级；近年来逐渐普及的信息化服务、大力开展的网络扶贫和不断提升的公共服务水平，使更多的人能在共享互联网的发展成果上拥有庞大的获得感。

单位：万人

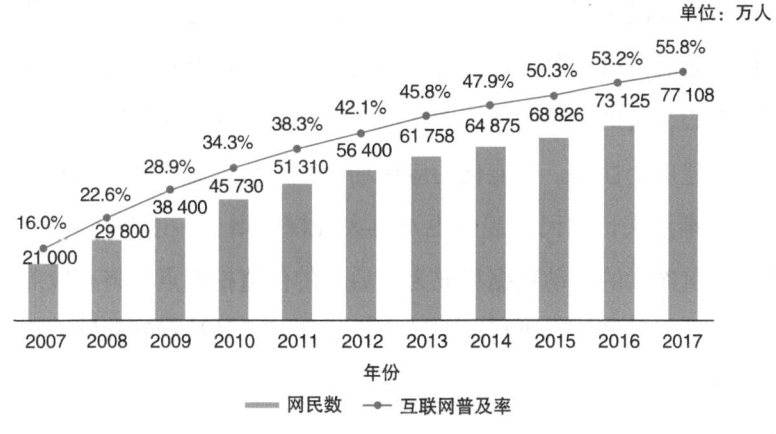

图 3-2-1　中国网民规模和互联网普及率

2. 手机网民规模

截至 2017 年 12 月，我国使用手机进行上网的人已经有 7.53 亿人，这一数据与 2016 年年底相比增加了 5734 万人。在网民当中，使用手机进行上网的人数已经从 2016 年的 95.1% 发展到了 97.5%，并且，网民中使用手机上网的比例还在不断地增长，如图 3-2-2 所示。

单位：万人

图 3-2-2　中国手机网民规模及其占网民比例

在 2017 年，移动互联网主要呈现出以下三个特点：其一，为不断丰富的服务场景；其二，为不断提升的移动终端规模；其三，为不断扩大的移动数据量。我们先要确保市面上存在的各种综合类移动应用平台不断地与社交、信息服务、金融、交通出行及民生服务等功能进行融合，以期最终能打造一个一体化的服务平台，并借此拓展自己的服务范围与影响力；另外，从万物互联为基础，智能设备以收集为中心，借助车联网与智能家电等促使人们的"住行"得以实现体验升级，并最终构建出个性化、智能化的应用场景；最后，需要注意的是，我国的人口红利正在逐渐消失，网民的规模也不再大规模的增长，逐渐趋于稳定。那么，现在已知的数量庞大的移动数据将成为日后新的价值挖掘点，将获取庞大的数据量与高深的大数据处理技术进行深度结合，能使以后的移动互联网产业有足够多的价值挖掘空间。

3. 农村网民规模

以 2017 年 12 月作为截止日期，我国的农村网民占整体网民的 27.0%，大约有 2.09 亿人，相较于 2016 年年底，增长了 793 万人，增幅为 4.0%；城镇网民占整体网民的 73.0%，约为 5.63 亿人，与 2016 年年底相比，增长了 3281 万人，增幅为 6.2%。如图 3-2-3 所示。

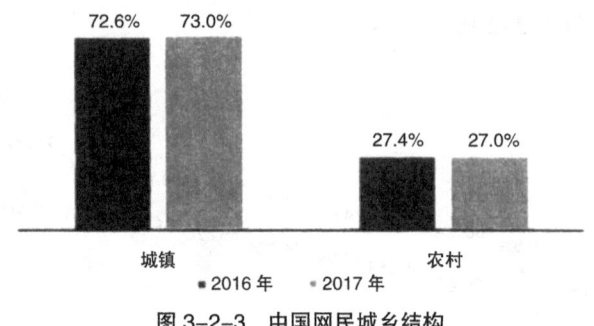

图 3-2-3 中国网民城乡结构

截至 2017 年 12 月，我国的城镇地区互联网普及率为 71.0%，农村地区为 35.4%，受到应用类型与区域特点的影响，不同的地区存在着互联网使用率的差异，具体来说，主要表现在以下两个方面：一方面，因为互联网的使用存在准入门槛，这就使部分农村地区的网民在使用商务金融类的应用时与城镇存在着较为明显的差异，除此之外，在网络购物、旅行预订、网上支付及互联网理财等应用的使用上也存在着 20%~25% 的差距；另一方面，诸如外卖、网约车或是共享单车一类的应用存在着明显的区域化特征，这些应用广泛使用于城镇地区，并且超出了农村地区20%。诸如,即时通信、网络音乐、网络视频等发展较早的基础类应用在城乡网民中的使用差异就不明显,差异率保持在10%左右。

4. 非网民现状分析

农村人口是非网民的主要组成部分。截至2017年12月,我国非网民规模为6.11亿人,其中城镇非网民占比为37.6%,农村非网民占比为62.4%。

值得注意的是,对于现阶段的很多人来说,上网技能的缺失和文化水平不高会为自己的上网造成一定程度的阻碍。经过调查研究之后可以明显地发现,存在着53.5%的人因不懂电脑、网络而无法上网,有着38.2%的人因为不懂拼音等知识而受到限制无法上网,并且,9.6%的人因为不需要或是不感兴趣而不上网,还存在着14.8%以内的人没有电脑或是受到上网设施的限制而无法上网,如图3-2-4所示。

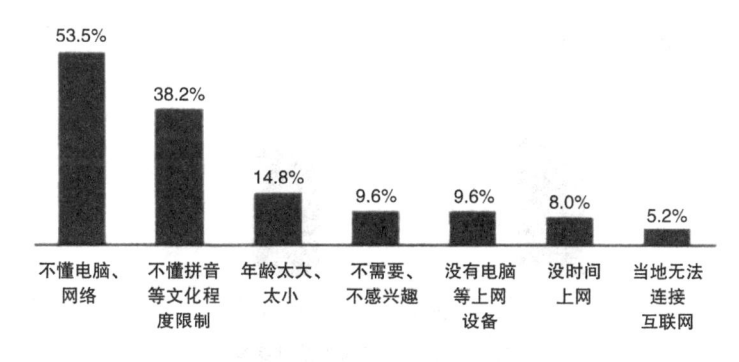

图3-2-4 非网民不上网原因

提升非网民上网技能、降低上网成本和提升非网民对互联网需求依然是带动非网民上网的主要因素。研究表明,非网民中愿意因为免费的上网培训而选择上网的人群占比为31.9%;由于上网费用降低和提供免费无障碍上网设备而愿意上网的非网民占比分别为28.9%和25.4%;出于沟通、增加收入和方便购买商品等需求因素而愿意上网的非网民占比分别为32.0%、26.4%和17.5%,如图3-2-5所示。

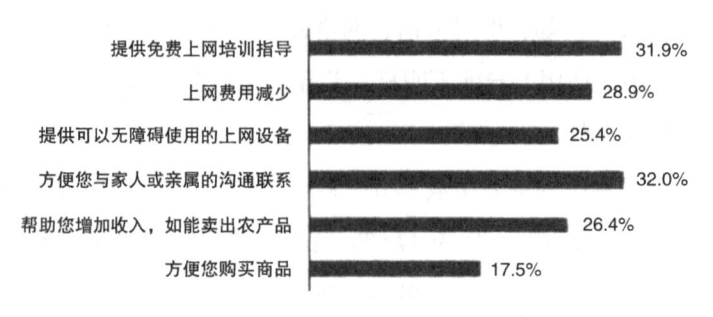

提供免费上网培训指导 31.9%
上网费用减少 28.9%
提供可以无障碍使用的上网设备 25.4%
方便您与家人或亲属的沟通联系 32.0%
帮助您增加收入，如能卖出农产品 26.4%
方便您购买商品 17.5%

图 3-2-5 非网民上网促进因素

（二）网民结构

1. 性别结构

截至 2017 年 12 月，中国的网民当中的男女比例是 52.6 : 47.4；在 2016 年年底，这项数据还是 51.2 : 48.8，表明网民的性别结构逐渐开始与我国的人口性别比例接近，如图 3-2-6 所示。

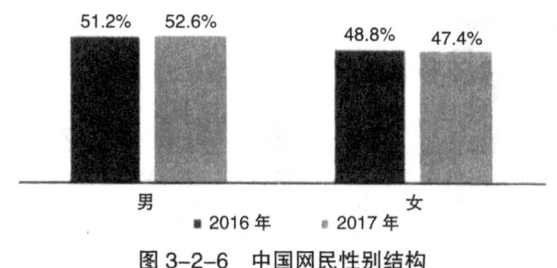

男 51.2% 52.6%　女 48.8% 47.4%
■ 2016 年　■ 2017 年

图 3-2-6 中国网民性别结构

2. 年龄结构

我国的网民年龄主要集中在 10～39 岁，截至 2017 年 12 月，我国的网民中 10～39 岁的群体已经占据了整体网民的 73.0%。在这项数据当中，最多的是 20～29 岁的网民，为 30.0%；10～19 岁的群体占比为 19.6%，30～39 岁的群体占比为 23.5%，相关数据与 2016 年年底数据相当。值得注意的是，相比 2016 年年底，在网民中 60 岁及以上的群体有了一定程度上的占比提升，这表明，互联网在我国正逐步向着高龄人群渗透，如图 3-2-7 所示。

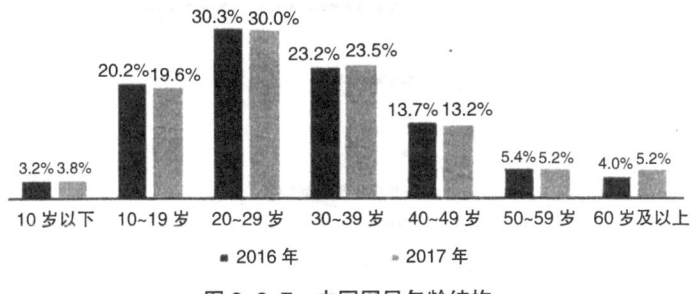

图 3-2-7 中国网民年龄结构

3. 学历结构

在所有网民中，规模最大的是受到中等教育的群体。截至 2017 年 12 月，学历为初中的网民占比为 37.9%，学历为高中、中专、技校的网民占比为 25.4%，并且，相较 2016 年年底，初中学历的网民占比增长了 0.6%，如图 3-2-8 所示。

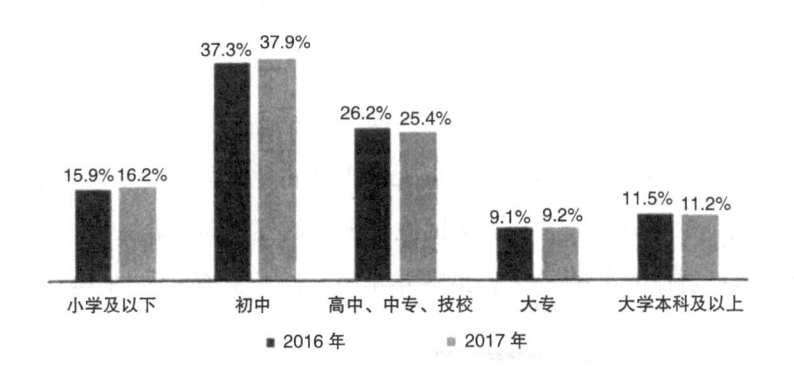

图 3-2-8 中国网民学历结构

4. 职业结构

若是以职业进行划分，可以明显发现，在网民群体中，规模最大的是学生群体，截至 2017 年 12 月，学生就已经占据了网民群体的 25.4%；仅次于这一规模的是个体户、自由职业者为 21.3%；企业、公司的管理人员和一般职员占比一共为 14.6%，由此可以看出，我国的网民职业结构能基本保持稳定，如图 3-2-9 所示。

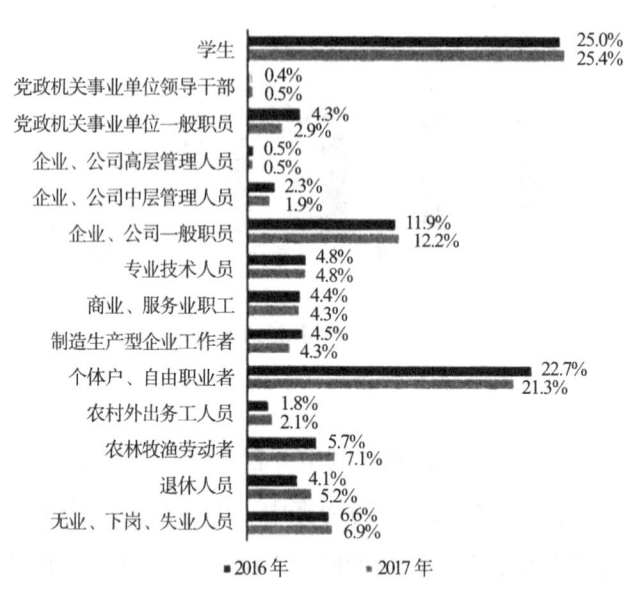

职业	2016年	2017年
学生	25.0%	25.4%
党政机关事业单位领导干部	0.4%	0.5%
党政机关事业单位一般职员	4.3%	2.9%
企业、公司高层管理人员	0.5%	0.5%
企业、公司中层管理人员	2.3%	1.9%
企业、公司一般职员	11.9%	12.2%
专业技术人员	4.8%	4.8%
商业、服务业职工	4.4%	4.3%
制造生产型企业工作者	4.5%	4.3%
个体户、自由职业者	22.7%	21.3%
农村外出务工人员	1.8%	2.1%
农林牧渔劳动者	5.7%	7.1%
退休人员	4.1%	5.2%
无业、下岗、失业人员	6.6%	6.9%

图 3-2-9 中国网民职业结构

5. 收入结构

在网民中，月收入处于中高等水平的网民占据最高比例。截至 2017 年 12 月，月收入在 2001～3000 元、3001～5000 元的群体占比分别为 16.6% 和 22.4%。值得注意的是，整个 2017 年，我国的网民规模开始逐渐向高收入群体扩散，月收入在 5000 以上群体的占比已经比 2016 年年底增长了 3.7%。如图 3-2-10 所示。

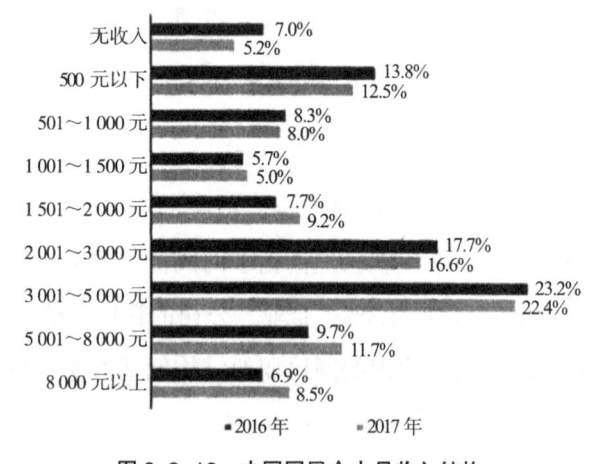

月收入	2016年	2017年
无收入	7.0%	5.2%
500 元以下	13.8%	12.5%
501～1 000 元	8.3%	8.0%
1 001～1 500 元	5.7%	5.0%
1 501～2 000 元	7.7%	9.2%
2 001～3 000 元	17.7%	16.6%
3 001～5 000 元	23.2%	22.4%
5 001～8 000 元	9.7%	11.7%
8 000 元以上	6.9%	8.5%

图 3-2-10 中国网民个人月收入结构

（三）个人互联网应用发展状况

2017年，我国个人互联网应用保持快速发展，各类应用用户规模均呈上升趋势，在这之中增长最为显著的是网上的外卖用户，年增长率已经达到了64.6%；在收集应用方面，外卖用户与旅行预订用户的增长规模十分明显，年增长率分别达到了66.2%和29.7%。

1. 基础应用用户规模增长稳健，平台寻求差异化增长新动力

即时通信、搜索引擎、网络新闻和社交是基础应用，用户规模保持平稳增长。即时通信行业规范程度进一步提升，即时通信产品自身定位的差异化得到进一步体现，各类生活服务的连接能力仍在持续拓展。搜索引擎继续保持稳步移动化的趋势，人工智能继续为搜索市场注入增长动力，为搜索引擎企业的平台化多元创新发展继续积存宝贵的用户数据。网络新闻领域相关法律法规建设得到进一步健全，传统新闻媒体加速互联网改造，媒体融合进入全新发展阶段。各类社交平台功能日趋完善，社交网络正发展为"连接一切"的生态平台，社交媒体传播影响力显著提升。

2. 网上外卖用户规模增长明显，线上线下融合速度加快

商务交易类的应用在2017年始终保持着稳步的快速增长，其中网上外卖增长尤为明显，用户的年增长率甚至达到了64.6%。电子商务领域法律法规逐步完善，行业持续向高质量、高效能阶段过渡并取得成效，线上线下进入深度融合期。网上外卖行业发展环境进一步优化，高频市场需求已经形成，外卖平台与餐饮品牌开始重视打造外卖品牌。旅行预订方面，旅游企业强化战略合作，丰富旅游主题，以产品和服务驱动市场销量。

3. 网络娱乐用户规模持续高速增长，文化娱乐产业进入全面繁荣期

研究表明，自2017年起，网络娱乐类的应用用户始终保持着高速的增长，因为市场的庞大需求、相关政策的鼓励引导以及部分企业的资源支持，网络文化娱乐产业在各方的努力下正式进入繁荣期。在网络娱乐应用中增长最为迅速的就是网络直播的用户规模，达到了22.6%。增长规模最小的就是网络游戏，为5.9%。伴随着对网络文化的娱乐内容进行进一步的规范，以网络游戏，与网络视频为代表的网络娱乐行业的营收态势进一步提升。因为行业的营收态势良好，相关的网

络娱乐厂商开始加大对内容创作者的扶持力度，也进一步促使网络娱乐内容得到了更加繁荣的发展。

二、网络技术

按照目前的发展来看，网络技术大致演化路径如下：

（一）互联网技术

互联网技术是指在计算机技术的基础之上所开发建立的一种信息技术。这项技术主要包含有三层含义，首先是硬件，主要为用来进行数据的存储、处理与运输的主机以及相关的网络通信设备；其次是软件，包含有能对信息进行搜集、存储、检索、分析、应用与评估的各种软件，包括我们通常所指的ERP（企业资源计划，Enterprise Resource Planning）、CRM（客户关系管理，Customer Relationship Managemant）、SCM（供应链管理，Supply Chain Management）等商用管理软件，也包括用来加强流程管理的WF（工作流，Work Flow）管理软件、辅助分析的DW/DM（数据仓库和数据挖掘，Data Warehouse/Date Mining）软件等；最后是应用，能用来对各种信息进行搜集、存储、检索、分析、应用与评估使用，其中主要包含了应用ERP（企业资源计划）、CRM（客户关系管理）、SCM（供应链管理）等软件对所做的决策进行直接的辅助，并且还包括对其他决策分析模型或借助DW（汇编指令）/DM（双模技术）等技术手段加以利用，以便保证分析的质量可以进一步得到提升，以此来辅助决策者进行决策的制定。当然，它只是辅助而不是替代人决策。

（二）移动互联网技术

移动互联网（Mobile Internet，MI）本身是一种能利用智能移动的终端，使用移动无线通信方式对相关的业务与服务进行获取的新兴业务，包含终端、软件和应用三个层面。终端层主要包括以下几种：智能手机、平板电脑、电子书、移动互联网设备等；软件则包括操作系统、中间件、数据库和安全软件等。伴随着相关的技术与产业不断的迭代发展，LTE（4G通信技术标准之一）和NFC（近场通信，移动支付的支撑技术）等网络传输层关键技术也将在未来被纳入移动互联网的范畴之内。

（三）物联网技术

物联网本身指的是在约定的协议之下，通过各种信息传感设备的作用，现存的任意物品与互联网进行连接，以实现信息的交换与通信，实现智能化的识别、定位、追踪、监控和管理的一种网络技术。如图 3-2-11 所示，为物联网的应用领域。

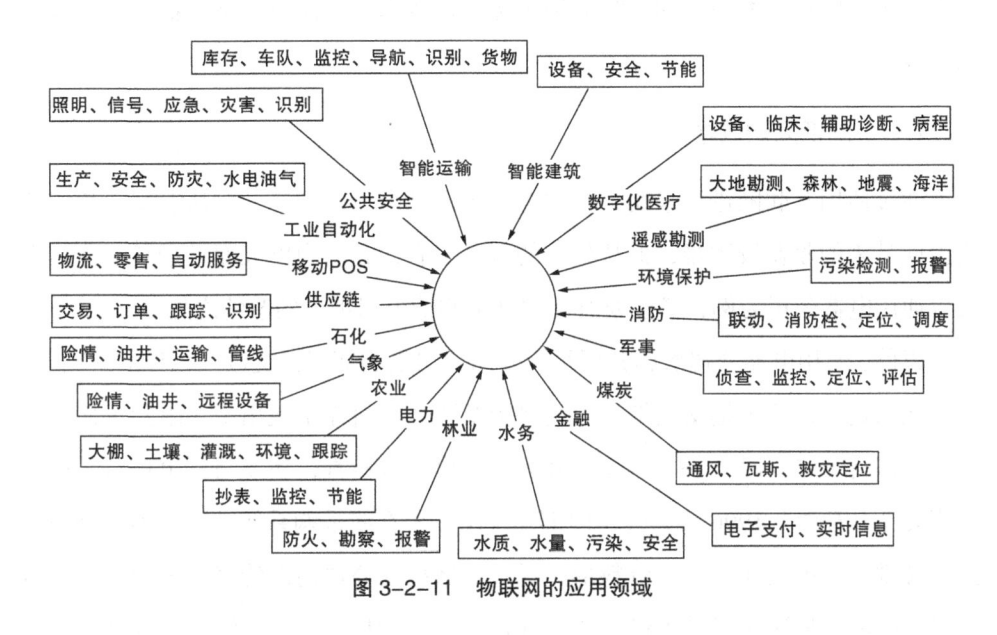

图 3-2-11 物联网的应用领域

物联网技术本质上仍旧属于互联网技术。具体来说，这是一种在互联网的技术基础之上进行延伸与扩展之后诞生的网络技术，它的用户端直接延伸并扩展到任意的物品与物品之间，进而实现信息的交换与通信，正所谓"万物相联"。简单来讲，物联网是物与物、人与物之间的信息传递与控制。

第三节 电子商务的发展新动力

伴随着计算机的普及以及网络通信技术的发展，现阶段的电子商务已经开始在世界的经济生活中占据着越来越重要的位置，有远见的企业家和市场分析人士对此已经十分关注，以期在竞争中能占得先机和有利地位，但是仍然有许多人对其优越性重要性估计不足,因此应加深人们对这方面的认识。本节从生产者和消费者两个角度来分析电子商务的一些特点和优越性,这些特点和优越性也是电子商务发展的主要内在动力。

一、从生产者的角度看

对生产者来说,之所以重点发展电子商务,主要还是因为能够有效降低采购成本、减少库存、缩短周期、降低销售和营销成本,从而能为客户提供更加有效的服务。

(一)降低采购成本

通过使用互联网进行采购,本质上属于一种全新的事物,要从宏观的角度预测由此带来的收益较困难,但从具体的例子来看,其潜力巨大而且增长迅速。本书以通用电器公司为例,考察通过互联网采购给公司带来的节约之处。

以前,通用电器公司所属各厂每天要向公司采购部门提交数以百计的采购单。每一次采购,都要求提交图纸,而这些图纸要从资料库中找出来,附到采购单后再进行邮寄。结算时,每一张发票都需要与出据方核查,还要与订单核对,这个过程复杂且耗时。1996年,公司内部建立了一个在线采购系统———一种由公司信息服务部开发的公司网络:资料部门通过网络接受公司内部传来的采购单,然后通过互联网再把这些资料送到世界各地的供货商手中。在通过系统自动匹配图纸,在短短几个小时内,世界各地的供货商就可以通过电子邮件、传真和电子数据交换得到所要材料的说明。通用电器公司在得到供货商出价的当天,就可以对此做出决策。现在,交易自始至终都是以电子方式处理,电子发货票会自动与订单核对,并对整个过程中的任何变更给出提示。根据公司内部的报告,部门采购的劳动成本下降了30%,60%以上的采购人员的工作做出了调整。许多工作人员从烦琐的案牍工作中解脱出来,参与到公司的战略问题中而不再囿于复印、装订之类的琐碎工作。同时,因为网络,公司接触到更多的供货商,加剧了竞争,使供货价格更为低廉,为此材料费下降了20%。目前,通用电器公司内部大部分部门都已经使用在线采购系统进行部分材料的采购。

（二）减少库存

一个公司的供货时间长，就会造成商品库存多，对客户的市场需求变化反应慢，经营费用高，利润就会相应降低。大量库存并不一定能让客户满意。对库存进行有效的管理不仅能提高客户的满意度，而且能降低经营成本，可以减少与库存相关的利息以及仓储费用。企业的生产能力能得到更加有效的利用，可以减少甚至取消因库存扩大而增加生产能力所需的投资。

戴尔（Dell）电脑公司的例子，说明了应用互联网可以使公司降低库存，更好地满足客户的需要。戴尔的计算机业务建立在一种有别于传统思路的概念上，当业界其他厂家将计算机放入仓库并通过各地区的分销商进行销售时，戴尔创立了一种新的销售模式——按单定产并进行直销。通过这种方式，减少了流通环节，使得在传统渠道中常见的代理商和零售商的高额价差消失，同时戴尔的库存成本也大大降低。截至1999年，戴尔已经取代了康柏的地位成为台式计算机的最大生产商。与其他依靠传统方式进行销售的主要竞争对手相比，戴尔的计算机占有10%~15%的价格优势。戴尔采用的网上销售策略与常规销售方式最大的不同在于，生产者与消费者直接的信息交流。在传统生产方式下，生产者对需求量的掌握来自市场价格变化，通过价格这只"看不见的手"来判断生产数量，然而通过这种方式很难及时地估计出市场的需求量，生产的数量往往落后于需求的变化。戴尔对生产数量的判断直接来自需求者，生产量可以随需求变化随时变化，及时把握市场节奏是戴尔实现无库存销售的根本原因，而这又得益于对互联网的充分运用。

（三）降低营销成本

一个推销员所能承担的客户极限是他能走访或通过电话联络的客户数量。当客户数量增多时，销售人员队伍也将增多。然而，如果利用网络进行商务活动则只需增加少许成本或根本不增加成本就能增加新的客户。因为，此时的销售职责是由网络服务器来完成的，而不是由固定在某个区域的店铺或销售人员来承担的，它的范围只受到服务器对询问和订货反应能力的影响。

互联网还可以使一些传统的销售机构运行得更加有效率，这是因为有了自动订货处理的能力，销售代表无须进行耗时的手工订货处理从而可以把时间尽量多地花在建立和维护客户关系上。电子目录分类表要比纸质的表格提供的数据多得多。在互联网上直接进行营销可以缩短再订货周期，增强销售新产品的能力。

（四）创造新的需求

互联网没有时间和空间的限制。它每天运行 24 小时，触角伸向世界每一个地方。因此，利用互联网做生意可以远及过去靠人进行销售或依靠广告销售所不能达到的市场。依然以戴尔公司为例，从戴尔公司站点上购买计算机的 80% 的消费者和一半以上的小公司以前从来没购买过戴尔的产品。其中，四分之一的人认为，如果没有互联网站点，他们就不会有这样的消费行为。并且，这些在网上购物的消费者的平均消费量要高于一般非网上购物的戴尔客户的消费量。

二、从消费者角度看

企业投资电子商务是为了提高生产力、降低成本并且增进为消费者服务的能力。而在互联网上购物迅速增长的原因则是消费者发现自己选择商品的机会大大增加了。消费者购物时能获得更多的信息，可以节省时间，能满足他们个性化的需要。

（一）更大的选择余地

在互联网上发生的消费可以分为有形商品消费和无形商品消费。对有形商品，如食品、服装、办公用品、电子产品、娱乐玩具等都可以列入网上销售的清单。广泛的商品来源使消费者有足够的选择余地。同时，诸如软件、音乐 CD、报刊、新闻广播、实时股市行情等以前需要一定实物载体的信息产品在在线商店也获得了更大发展。在没有互联网的情况下，这些信息产品要在加于一定的载体上才能为人使用。而在网络环境下，所有的信息都可以转化为电子形式在网上传送。消费者仅仅通过屏幕就能接受所需的信息产品而不受载体的限制，这大大刺激了数字产品的供给和需求。在这里，在线书店亚马逊提供了极佳的网上经营范例。以传统方式经营的书店即使达到最大规模也只能提供约 15 万种不同的书籍，而亚马逊只拥有几百名员工，却可以提供上百万种书籍，供来自世界各地的读者选择。除了一般服务外，书店还提供专业书籍、外语书籍、珍本等，更能满足其他一般书店难以满足的要求，这对传统的经营者而言是不可想象的。

电子商务带给人们的最大便利是缩小了时空的距离。以这种方式，消费者可以在其他地区、其他国家甚至传统意义上并不存在的商店进行购物消费。

（二）更加方便的购物形式

消费者经常把方便视为在线购物的首要原因。通过在线商店，消费者购物不再受商店营业时间的限制，没有必要根据商店的营业时间安排并调整自己的日程，也不用费力地从一个商店逛到另一个商店去比较同类商品价格和质量的差异。消费者只要打开所要浏览的网页，就可以看到所有想要了解的信息。在线商店为了吸引顾客，努力使在线购物显得亲切熟悉和简单易行。在网页中，商品的图片、详细的产品介绍（包括具体规格和价格的电子目录）代替了传统的实物货架。对想要的产品，消费者只要用鼠标点击该物品的图标即可。此外，许多售后服务的内容和常见的问题及解答都可以在互联网提供给消费者，节省了许多人力成本。

（三）更加完备的信息渠道

在传统的生产和销售方式下，买卖双方通常有非对称的信息。卖方基于自身的地位往往具有产品完备的信息，而买方受地域和渠道的限制不可能完全了解想要购买的产品。但是，在线购物在很大程度上改变了这种局面。仅以购买汽车为例，买汽车是一个复杂的过程，包括选择汽车的品牌和型号、性能部件以及付款方式和售后服务等一系列问题。在互联网出现之前，收集上述信息很费时间，消费者不可能考察所有可能的卖方。但是，互联网使这一切发生了改变。在线购物发达的美国，消费者可以通过访问不同汽车生产商的网址来获得有关汽车型号、特性和性能的信息。一旦决定购买，消费者在输入居住地区的邮政编码以及选择的品牌和型号后，会要求消费者选择汽车的外部和内部颜色、变速方式、汽缸总数及车门数。当然，消费者还可以根据自己的偏好选择应添加的部件。在24小时之内，经销商会与消费者联系，确定最终价格。

(四)更为低廉的价格及更为个性化的商品消费

电子商务带来的竞争推动着互联网零售业的发展,由此所引致的销售成本的降低使在线商店有充分的条件降低商品的零售价格。如 CD、报刊等无形产品在互联网上销售已不需要任何载体,这无疑将使其成本大幅降低,从而使商品价格保持低廉。

我们使用的大部分商品是通过规模生产获得的,很少有根据个性定制的产品。例如,从福特 T 型轿车开始,大规模批量生产就成为生产的主要方式。这种方式生产的产品是批量的,不能反映个性化的要求,消费者只是既定商品的被动接受者,选择余地很小,只能在现有的商品中做出选择。而互联网为增加选择提供了可能。一些互联网公司,特别是销售无形商品的媒体公司可以定制产品,读者可以只选择他们感兴趣的新闻节目来阅读,并建立个性化主页和电子信箱。音乐是创新和经济结合的产物,在线音乐商店的消费者能购买到在普通音像商店销售的 CD。如果他们需要,可以在很多数字音像产品中进行选择,然后制作自己精选的 CD。在不远的未来,我们甚至可以自己设计所需要的产品并对其进行订购,以满足个性化的需要。在线的服装商店可能很快采用这种技术,决定购买服装的顾客可以通过三维动画考察服装是否满足要求,可以自己设计服装的款式、颜色和图案。制造商和零售商可以广泛地定制服装、家具以及其他个体消费者偏好的商品,来满足消费者个性化的需求。

第四节　电子商务的发展趋势展望

随着移动通信网络环境的不断完善以及智能手机的进一步普及,移动互联网应用向用户各类生活需求深入渗透,提高了手机上网使用率。

一、我国电子商务的发展状况

近年来,我国电子商务保持快速发展态势,市场规模不断扩大,在线消费群体增长迅速。截至 2016 年 6 月,我国在线购物用户规模达到 4.48 亿,较 2015 年底增加 3448 万,增长率为 8.3%。其中,我国手机在线购物用户规模达到 4.01 亿,增长率为 18.0%,手机在线购物的使用比例由 54.8% 提升至 61.0%。电子商务已成为我国重要的社会经济形式和流通方式,在国民经济和社会发展中发挥着重要的作用。从发展情况看,主要呈现出以下几个特点:

(一)带动现代服务业快速发展

电子商务应用需求的不断扩大促进了包括交易服务业、支撑服务业和相关衍生服务业的快速发展。目前,我国获得非金融机构第三方支付牌照的企业已超过 250 家。研究表明,截至 2016 年 6 月,我国使用在线支付的用户规模达到 4.55 亿,较 2015 年年底增加 3857 万,增长率为 9.3%;我国网民使用在线支付的比例从 60.5% 提升至 64.1%。手机支付用户规模增长迅速,达到 4.24 亿,半年增长率为 18.7%,手机网上支付的使用比例由 57.7% 提升至 64.7%。另外,在互联网上预订过机票、酒店、火车票或旅游度假产品的网民规模达到 2.64 亿,较 2015 年底增长 406 万,增长率为 1.6%。全国规模以上快递企业几乎有超过 70% 的业务量来自在线零售的配送需求。

(二)带动传统企业加快转型升级

随着电子商务应用的普及,电子商务企业与传统企业由竞争向融合发展的方向转变。众多知名传统零售企业积极应用电子商务加快转型升级,在协同线上与线下资源、拓展营销渠道、增强用户体验、提升供应链效率等方面取得了良好效果,而大型传统制造业企业普遍应用电子商务进行在线采购,直接面向市场组织生产,降低了企业运营成本。同时,电子商务也推动传统农业转型升级。由于电子商务对上线交易的产品有规模、品质、标准等多方面的要求,将引导传统农业在种养、运输加工、销售等环节进行变革,从而有效缓解供需信息不对称、价格波动大等一系列农业发展的"老大难"问题。

(三)助力企业开拓海外市场

电子商务借助互联网技术突破了时空限制,减少了中间环节,降低了交易成本、提高了流通效率,能有力促进现代流通体系的形成。电子商务拓宽了买卖双方的市场空间，让国内的生产、流通企业可以直接面向国际市场，有效建立和拓展国际营销网络，促进国际国内要素的自由流动，提高资源配置效率。跨境电子商务是目前发展的热点，成为我国加快转变外贸发展方式的有效手段。我国80%以上的外贸企业已经开始应用电子商务开拓海外市场。

（四）新一代互联网技术在电子商务中得到广泛应用

无线互联网功能的不断优化，提升了用户体验，大批优秀电子商务平台的服务功能完成了向移动终端的转移。移动终端应用在用户规模和信息交互维度、实时性、实地性、多样性等方面的优势得到了较好的发挥。云计算技术被大型电子商务平台普遍应用，为单日内数十亿级别的各类业务处理和数百亿级别的查询访问提供了良好的支撑。二维码技术也在电子商务推广中得到普遍应用。

二、我国电子商务的发展趋势

互联网和信息技术的广泛应用，将商品交易市场演变为实体市场和互联网虚拟市场，以网络交易为主体的电子商务使互联网虚拟市场得到快速发展。互联网市场与实体市场协同融合发展将是大势所趋，也是世界经济发展的必然走向。

（一）电子商务促进实体经济与网络经济融合发展

电子商务对流通业的影响。不仅表现为交易方式的改变，更重要的是带来了流通业内部作业流程和经营管理方式的一系列深刻变革。电子商务大大提高了流通行业的技术与资本构成，使之从"劳动密集型"向"技术密集型"转变。大批传统零售企业和品牌制造企业已通过第三方平台或自建平台开展电子商务服务。同时，纯电商企业也日益重视物流配送等网下业务，积极开展线下服务。未来，线上和线下将进一步融合，或"线上营销、线下成交"，或"线下体验、线上购买"，这些服务和交易模式都将逐步成熟。电子商务与传统产业相结合的全新商业模式正在加速形成。

（二）移动终端应用将成为电子商务市场新领域

移动终端在互联网应用的快速普及，为电子商务的创新发展奠定了基础。移动终端凭借及时性和便携性，成为网民获取信息的重要通道。地理位置服务、微信、二维码等应用，为新的商业模式提供了发展机遇。媒体属性和个性化服务，为移动终端营销提供了广阔空间。随着5G应用的发展，移动终端应用已成为电商企业角逐的新战场。

（三）跨境电子商务将加快外贸发展方式转变

电子商务借助互联网技术突破了时空限制，将促进国际、国内要素自由、有序流动，加快市场深度融合。跨境电子商务具有开放性、全球化、低成本、高效率等特点，成为推动经济一体化、贸易全球化的重要手段。

（四）大数据技术将推动电子商务向精细化发展

大数据技术为精准营销、个性化服务和管理决策打下坚实基础。依托大数据分析，电子商务企业可以从规模庞杂的用户数据中挖掘出有市场开发价值的营销数据，更准确地判断消费者需求，更准确地锁定目标受众，制订更具市场竞争力的营销方案，更有效地提高服务和市场运行效率。

第四章　电子商务的商业模式创新

本章名为电子商务的商业模式创新，共分为五节介绍了目前常见的五种商业模式及创新策略。第一节为 B2C 电子商务商业模式创新，第二节为 C2C 电子商务商业模式创新，第三节为 B2B 电子商务商业模式创新，第四节为 O2O 电子商务商业模式创新，第五节为 C2M 电子商务商业模式创新。

第一节　B2C 电子商务商业模式创新

一、B2C 概述

B2C（企业与消费者间的电子商务模式，Business to Consumer）是企业对应消费者的电子商务类型。在这种方式下，交易主体中的卖方身份正规化，需要正式在工商部门注册，以企业的形象为消费者提供产品和服务，与现实中的公司运营、店铺管理基本是一致的。相比之下，卖方以这种方式参与市场交易，可信度更高，长期坚持会产生较高的品牌效益，但税收、运营成本和交易成本也会上升，且可追溯性较强。

二、亚马逊

2015 年，亚马逊刚刚走出亏损的阴影，现在的市值就已经突破 3557 亿美元，跻身美国前五大公司之一。电子商务王国亚马逊的传奇纪录再次被刷新，它是怎样做到的？从当初的网络书店，到如今的在线零售帝国、云服务霸主、数据专家、仓储式物流能手等在亚马逊的发展轨迹中，我们可以发现，如今的成功只不过是这个传奇王国多年以来低调潜行的厚积薄发。

1994 年，亚马逊在大多数人还不了解网络的时候就已成立，到现在已经过去 20 多个年头。它的成功绝非偶然，亚马逊的崛起有迹可循。

（一）创新驱动业务模式拓展，积极寻找新的利润增长点

1. 以图书发家，创新驱动完成拓展

一直以来，图书是亚马逊具有战略地位的品类。在图书问题上，通过不断思考和创新，亚马逊开辟了完整的图书市场。

亚马逊推出了第三方市场，将二手图书引入在线平台。读者在亚马逊网上买书时，可同时看到该书的新书和二手书的价格，形成一种前所未有的全新体验。其次，亚马逊推出了 Kindle 自出版平台，允许作者在网站上制作并出版电子书，并发布到亚马逊全球各国平台。该平台作者提供最高 70% 的图书销售分成，大幅简化出版流程和门槛，直接与作者建立联系，掌控了内容生产资源。

随着，亚马逊借助自家的发行优势，成立了自己的图书出版公司——"亚马逊出版"，重点发力图书出版业务，建立了 13 个出版品牌。然后，它凭借电子书业务的经验和技术优势，推出了教科书租赁业务，全面进军教科书销售市场，学生可以通过相对纸质图书价格最低 2 折的租金租赁所需的教科书，同时还构建了纸质教科书的买卖交易平台。亚马逊还通过与出版商的合作，在开展数字阅读业务方面要求出版商提供元数据、定价模式、分成比例、业务配合等，完善了基础数据。

2. 从图书到"万货"，不断开辟新增盈利点

从 1994 年至今，亚马逊的定位经历了三次转变：第一，是从 1994 年到 1997 年，成为"全球最大的书店"；第二，是从 1997 年到 2001 年，成为"最大的综合网络零售商"；第三，是从 2001 年至今，成为"最以客户为中心的企业"。

20 多年来，亚马逊保持着每年两位数的速度增长，一直在不断地探索新的利润增长点。除了图书，今天的亚马逊已实现了创始人贝佐斯最初的梦想，成为一家"万货商店"。同时，亚马逊还大规模推出了第三方开放平台、网络服务等，更加超越了网络零售商的范畴，成为一家综合服务提供商。

（二）经营理念——用户至上，内功扎实

亚马逊的员工认为，他们的工作不是卖东西，而是帮助消费者做出购买决策。关注消费者、面向消费者，是亚马逊持之以恒的理念、现阶段的目标。从实践中可以看出，亚马逊与当前中国电商之间一项最大的区别，或许就在于此。

1. 以公平原则践行"消费者是上帝"——特立独行的亚马逊

一个产品入驻电商平台后，为了快速促销，平台和商家会怎么做？以淘宝为例，最初淘宝卖家数量疯涨，竞争激烈，卖家们便开始寻求规则中的缝隙，并最终与平台一起，完善和壮大网站背后的运营规则。消费者对"推荐商品""热销商品"的标签以及广告的依赖度极高，中国的商品还处在"被推送"的阶段，难以出现真正"市场决定"的产品。

而亚马逊的做法是怎样的呢？入住它的平台收费甚微，连促销资源都免费，只在商家产生销售额后，才会产生一部分佣金。亚马逊跟京东大不一样，没有可以收费推广的广告位，没有推荐榜单，站内会定期或不定期地策划一些主题促销活动，而活动上推荐的产品，都是由该产品平时的销售额、好评率等指标来确定的，不涉及推广费用，就是说，这个平台的发展重点是产品。这么做就是为了确保推荐的商品都是用户想买的、体验很好的产品。对于这些原则，亚马逊遵守得相当严格。

亚马逊坚持提供一个公平的机制。这种公平同时提供给各个卖家以及客户，有利于提高卖家的产品和服务质量。亚马逊很少做如天猫"双十一"之类的购物节，并不急于通过一次促销将销售额扩大多少倍。它要做的是，丰富品类、天天平价、优质服务，帮助客户理性购物，以提高客户的黏性。

2. 自身努力+亚马逊高效服务，商品大卖不是梦

或许有人会问，在这种迥异于国内游戏规则的平台上，怎么做才能更有效地推广并最终获得盈利呢？

首先就需要商家努力把产品和服务做精，从店面的包装到促销推广活动，商家一定要用心去吸引客户。然后，使用亚马逊的物流和仓储，设置高效准确的关键词，这两点在一定程度上也可以反映亚马逊的"内功"。

除了高效的配送效率，当商家使用亚马逊物流时，可以提供"货到付款"服务。目前，在亚马逊中国的所有订单中，选择"货到付款"的订单占大部分。因此，这一项服务对"成单"是很有帮助的。此外，使用亚马逊物流相较于自己配送的所有费用，还是比较节省成本的。

亚马逊的数据分析能力很强，基于此，其非常重视关键词的推广。亚马逊的工作人员会建议商家设置一些关键词，据说这些词能在谷歌、百度这些工具上起到重要的推广作用。

有了这些努力，商家店铺的销售肯定会有转机，如果一段时间后，能凭借高转化率和好评率争取到首页上一次展示机会的话，无疑会给商家带来销售额大幅上涨的机会。

3. 页面简洁实用

与国内很多购物网站让人眼花缭乱的页面不同，亚马逊的页面十分简洁，能最大限度地满足用户的实用需求，来牢牢锁住用户。

4. 便利快捷效率高

此外，亚马逊的站点功能极为便利与快速。除了搜寻选项之外，顾客也可以同时浏览数十种不同的主题，节省了上网的时间，增加了搜索的速度。

亚马逊独特的游戏规则，使得这个实力强劲的国际电商巨头在中国一直"不温不火"。有人质疑，亚马逊到底想不想在中国好好发展？贝佐斯曾在一次管理会议上，只对亚马逊中国的高层问了一个问题，即在亚马逊中国网上购物的顾客，他们都满意吗？事实上，亚马逊的客户体验非常棒，长期占据客户满意度调查的榜首。

有评论认为，这或许才是电商该有的状态，亚马逊有足够的"内功"，以及强大的资金背景。它不怕吃亏，按部就班地传输自己的理念，培养客户，或许这也是亚马逊能在转亏为盈之后迅速获得突破的重要原因。

（三）先进技术加持，助亚马逊走得更快更远

亚马逊的成功不只是创新和拓展的成功，也不仅是经营理念的成功，还在于先进技术的成功。那么撬动商业帝国的技术支点有哪些呢？

1. 智能机器人 Kiva（分拣处理货物机器人）技术

亚马逊仓库中的自动化水平很高。在仓储物流线，亚马逊使用多个机器人为顾客处理订单。这些机器人可识别条码，然后将货架上的相应物品搬送到人类员工身边。这颠覆了传统的"人找货、人找货位"模式，实现了"货找人、货位找人"的模式，各个库位在 Kiva 机器人驱动下自动排序到作业岗位，大大提高了工作效率，节省了开支。

2. 无人机送货

亚马逊有 Prime Air 无人快递，顾客在网上下单，如果重量在 2.5 千克以下，就可以选择无人机配送。无人机自动取件直飞顾客，整个过程无人化，在 30 分钟内把快递送到家。亚马逊的物流费用率只有 9% 左右，低于国内电商采取第三方物流的 13%。

3. 订单与客户服务中的大数据应用

亚马逊是第一个将大数据推广到电商物流平台运作的企业，通过挖掘用户需求，运用强大的数据分析与处理技术等技术手段，完善浏览、购物、仓配、送货和客服等各项服务，实现了"用户至上"。

此外，亚马逊还有智能入库管理、缺失商品自动监测平台等技术，这些技术都为亚马逊的高速发展提供了不可或缺的助力。

三、京东商城

京东商城由刘强东于 2004 年初创办。现在的京东商城已经是中国 B2C 市场最大的 3C（注：3C 是计算机 Computer、通信 Communication 和消费电子产品 Consumer Electronic 这 3 类电子产品的简称）网购专业平台，是中国电子商务领域较受消费者欢迎和较具影响力的电子商务网站之一。

京东是目前国内最大的自营式电商企业，在线销售计算机、手机及其他数码产品、家电、汽车配件、服装与鞋类、奢侈品、家居与家庭用品、化妆品与其他个人护理用品、食品与营养品、书籍、电子图书、音乐、电影与其他媒体产品、母婴用品与玩具、体育与健身器材以及虚拟商品等十三大类 3150 万种优质商品。

目前，京东集团旗下设有京东商城、京东金融、拍拍网、京东智能及海外事业部等。2014年5月，京东在美国纳斯达克证券交易所正式挂牌上市，是中国第一个成功赴美上市的大型综合型电商平台，与腾讯、百度等中国互联网巨头共同跻身全球前十大互联网公司排行榜。2014年，京东市场交易额达到2602亿元。

京东拥有中国电商行业最大的仓储设施。截至2014年12月31日，京东在全国拥有7大物流中心，在全国40座城市运营123个大型仓库，拥有3210个配送站和自提点，覆盖全国1862个区县。京东专业的配送队伍能为消费者提供一系列专业服务，例如211限时达、次日达、夜间配和三小时极速达，以及GIS包裹实时追踪、售后100分、快速退换货和家电上门安装等服务，保障用户享受到卓越、全面的物流配送和完整的"端对端"购物体验。

2010年，京东跃升为中国首家规模超过百亿的网络零售企业。2013年3月30日正式切换域名，并发布新的logo和吉祥物。2014年3月10日，京东收购腾讯QQ网购和C2C平台拍拍网。2014年5月21日，京东正式在美国纳斯达克（NASDAQ）交易所上市，发行价为19美元每股。

第二节　C2C电子商务商业模式创新

一、C2C概述

C2C（consumer to consumer）即消费者与消费者之间的电子商务，实际上是传统的"地摊"模式、"农贸市场"模式的电子商务化，以免费或者较低的摊位介入成本，不需要工商部门颁发执照，让个体以卖方的身份介入交易市场。买方也多为个体，在税收方面予以充分的优惠。因议价空间较大，商品种类繁多，且进出自由度较高，因此有着广泛的群众基础。但是因鱼龙混杂，很多商品真假难辨，不法商贩步入其中，浑水摸鱼的现象时有发生。因没有工商部门的注册，商贩地址难以查询，同时也没有正规发票，发生事故后可追溯性差。这在传统的地摊、农贸市场中很常见，在电子商务的C2C交易中也时有发生。一直以来，网络热议电子商务平台责任时，针对这种现象都进行讨论过。作者认为，针对这一现象，无论是传统的渠道模式，还是电子商务模式，关键要把握三个方面的控制：

首先是交易主体的身份合法性，其次是交易商品的质量标准，最后是事后的可追溯渠道。三者是一个系统工程，缺一不可，否则总有漏洞可钻。所以，应该根据线上线下的特点针对这3个方面采取措施，净化网络环境。因此，既然允许"地摊"模式、"农贸市场"模式的存在，就要承认其合法性。但是，规范和治理也需要多方努力，包括政府、网络平台、社会监管和广大消费者等。

二、淘宝与易趣网（eBay）

1998年末，美国航空业不景气，机械工具销售商尝试在易趣网上列出一些货物，包括价格高达7000美元的铣床和1吨重的机器。当时，易趣网上主要提供的是鞋袜和衣柜等家居用品。但铣床却没有因价格太高无法融入市场，反而受到热烈欢迎，易趣网因此"一发不可收拾"。在短短的两年时间里，销售商从一家默默无闻的小公司发展成为全球最大的机械工具制造商之一。在这个过程中，这家公司不断地改变着自己的策略和方法。最初，公司主要是通过在易趣网上销售产品来实现盈利，后来才开始慢慢扩大业务。公司成立之初，仅在加利福尼亚有一个办事处，易趣网每年的线上销售额可以达到上百万美元，占总业务量的75%以上。

易趣网自2003年1月成立以来，已经成为全球最大的工业产品市场之一。在这个过程中，易趣网经历了从最初的失败到成功的转变，易趣网已经成为全球最大的零售商之一，拥有超过2.3万家门店。2004年底，摩托罗拉与易趣网达成合作协议，建立起一个新的合作关系。双方都希望将各自业务扩展到电子商务领域，但最终却没有成功。双方都有自己的想法和考虑，沟通失败也是在所难免。易趣网于2005年并购美国B2B公司。同时，C2C行业出现了如易趣网和香港环球资源这样的战略联盟——这是一家具有政府背景的B2B公司。结盟和收购是他们共同的选择。易趣网与全球卖家的合作由来已久，易趣网通过采购上游的原材料和向下游销售来获取利润。易趣网也一直在寻求为消费者提供更深层次的服务。

2003年5月，马云创办了国内最大的C2C网站——淘宝，开始在中国市场与易趣网展开竞争。在短短的几年时间里，易趣网已经成功登陆了中国市场，获得了中国消费者的认可并迅速发展成全球最大的电子商务公司之一。在思考易趣网的崛起给中国传统企业带来了哪些启示时，我们该思索是怎样的力量使易趣网脱颖而出。易趣网的前CEO（首席执行官）惠特曼曾认为淘宝网是一个"小竞争对手"，但她不知道淘宝有多大的能量。她说这个"小竞争对手"只会给易趣网"脚踝"一击，易趣网在中国市场上的胜利是"毫无悬念"的。但最后淘宝的迅速发展以及在市场中的强大竞争力使惠特曼震惊不已。

易趣网的前CEO（首席执行官）惠特曼曾说过：淘宝的生命周期最高不会超过18个月。为此，易趣网采取了"封锁"战略。易趣网花费高于市场价一倍的费用与新浪、搜狐和网易等几大门户网站之间签订了"TOM"广告合同，是专门针对淘宝或其他C2C网站的。如果这几大门户网站不遵守合同规则与淘宝产生推广合作，将会被判定向易趣网赔付巨额违约金。

淘宝的应对之策也非常简单：以更低廉的价格向数以万计的小型网站发布广告。后来又总结出了"长尾理论"，认为长尾里的网站推广是一个聚沙成塔的过程，能聚集更多有价值的信息给受众。而淘宝正是抓住了这个机会，从2000年10月1日开始，在短短的一个月内，就做了大量的广告和促销活动，将这些活动推广到全国各地，很快吸引了大批的买家，最终获得巨大成功，销售额直线上升，迅速崛起成为行业典范。淘宝的发展迅猛势不可挡，一夜之间，众多的中小网站如雨后春笋般推出淘宝的广告。一开始，淘宝的名字出现在地铁车厢里、车站站牌上和灯箱上，后来慢慢延伸到了电视上。人们对"上网去淘宝"这一原始概念地认识逐渐累积起来。

2004年9月，易趣网在拥有690万名用户的情况下依然遥遥领先，但淘宝已累计拥有初期的220万名用户，说明这名创立仅1年的新秀拥有三分之一的对手用户。2004年10月，易趣网宣布在中国投资1亿美元用于"市场推广"业务。在这一背景下，易趣网与淘宝的竞争也愈演愈烈。2004年年底，易趣网在中国个人电子商务市场所占比例是53%，而淘宝的份额则高达41%，可见淘宝的发展速度令人震惊，发展前景一片大好。

到2005年年底，淘宝的交易额已经超过80亿元人民币，远远超过了易趣网；到2008年，淘宝已经统领中国的电子商务市场，成为最大的领跑者。截至到目前，淘宝网已经拥有4万多家店铺、近10亿活跃消费者和数亿名注册卖家，日成交额达到 3 亿多人民币。淘宝商城已经成为全球最大的 B2C 交易平台之一。淘宝不仅是中国人购物首选平台。也是全球最受欢迎的电商网站之一。淘宝网市场占有率遥遥领先，用户数量巨大，增长速度惊人，发展迅猛，前景广阔，年交易额超过 1000 亿元，在线上零售市场占比超过 80%。

TOM 在线和易趣网于 2006 年 12 月共同向外界宣布了合资公司的成立，这家全新的公司中文名为"TOM—易趣"，王雷雷出任 CEO（首席执行官）。其目标是用 6 个月时间，寻找到一个切实可行的盈利模式。对一个创业型企业来说，"赚钱"是最重要的问题之一，而如何赚到钱则是摆在每个创业者面前最为困难的事情。但是王雷雷的这个梦并没有实现，根据 TOM 集团（02383.HK）2008 年 3 月下旬发布的 2007 年年度业绩，该集团五年来第一次出现亏损，亏损金额高达 2.974 亿港币。

淘宝网是中国最大的网购零售平台之一，目前拥有超过 5 亿的注册用户数和超过 6000 万的固定访客，日平均在线商品数已达 8 亿件，平均每分钟有 4.8 万件商品售出。2014 年年底，淘宝网的每日交易额最高达到了 571 亿元人民币。淘宝作为国内最大的 B2C 购物网站，发展历程可以分为三个阶段：第一阶段是在 1999 年之前的"淘客"时代；第二阶段为 2000—2004 年间的"淘宝卖家"时代；第三阶段则进入到现在的电子商务时代。至今为止，淘宝网已走过 20 余年，时间漫长、过程曲折、成绩斐然、成就辉煌。伴随着淘宝网的不断壮大与用户的不断增多，淘宝网已经由一个单一的 C2C 网络集市转变为一个包含 C2C、团购、分销、拍卖等众多电子商务模式的综合零售商圈，现已成为全球电子商务交易平台中的佼佼者。

易趣网是 C2C 市场的绝对领导者，这个行业的规则就是易趣网摸索并维持的。易趣网一直坚持对用户收费，这是收入的主要部分。当年具体的收费项目包括：第一，开店费。对一些小公司来说，开店费要占到营业额的 15% 左右，而对大公司来说，这个比例可能会更高。在易趣网开一家店，开店费这笔钱每月交一次，无论小店有没有售出商品。第二，商品登录费。往易趣网上放一件货物，就要支付一笔登录费，每件售卖的商品登录一次是 1~8 元不等，不管是否卖出。第三，特色功能费问题。主要用于"发布管理"工作，一般用于发布有关产品信息或服务信息，是企业对自己商品的一种宣传推广方式。目的主要有两个：一是为了吸引客户眼球，二是通过这种方式来提升企业品牌知名度。第四，图片服务费。包括两种表现形式：第一种，在变更管理过程中，根据不同的生产环境和内容，收取相应的图片服务费；第二种，每件商品可自由上传 2 张指定格式照片，2 张以上或请求特殊格式需额外支付一定的费用。第五，交易费。按交易额的 0.25%~2% 收取。这些收费项目，在 2007 年为易趣网贡献了 51 亿美元的收入，这占易趣网总收入 73 亿美元的 70%。但是，易趣网摸索并维持的这套收费模式，被淘宝打破了。2003 年创立之初，淘宝就宣布三年免费，即一个卖家在淘宝上的开店成本为零。

毫无疑问，开店成本为零，这对大多数人，尤其是习惯免费大餐的中国网民来说，诱惑力巨大。中国几乎所有的纯互联网应用，从看新闻到用邮箱，从搜索到后来的网络游戏，都是免费。这立刻为淘宝引来关注和流量。

易趣网中国的创始人邵亦波直接批判免费模式，他认为收费是市场的"过滤器"，唯有收费才能让卖家慎重对待登录在线的商品，以提升成交率为目标。收费之后，卖方不敢随便开价格，也避免了将卖不出去的商品长时间挂网上的情况；与此同时，买方也就不用面临充满了各种无效商品的集市。易趣网还应用了 EB（e-based Platform）模式。EB 模式是美国的一种在线拍卖系统，由 EBS 公司开发并运营。EBS 公司利用这种方式获得收入。EBS 网站可以免费注册，付费交易。总之，收费后易趣网成交额、成交率得到了大幅提升。

从 2005 年开始，淘宝的市场份额反超易趣网。在现实的压力下，易趣网开始妥协。实行"收费"的易趣网在中国第一次尝试下调网站物品登录等相关费用，橱窗展示则完全免费，普通店铺的月租费降低 30% 左右。这也是该公司为迎接美国电子商务巨头亚马逊的挑战而采取的重大举措之一。据了解，此次费用大幅下调的主要原因在于中国电子商务市场迅速发展以及消费者对网上购物需求的日益增长。同时，亚马逊也带来了巨大的竞争压力。因此，为了稳定客户群，此次调整势在必行。调整必然带来冲击，但总的来说，利大于弊，同年 12 月份易趣网又进行了价格调整，出台了免费开店和降低商品登录费的优惠政策。

易趣网仍然没有跨过那一条生死线——实行完全免费。坚持收取一定费用，这也是易趣网最后坚守的防线。道理很简单，如果完全免费，这与易趣网在全球 51 亿美元的收入形成矛盾。如果在中国完全免费，就会有用户发问：既然你在中国免费，为什么在别国不免费？就会有投资者发问：既然你必须依靠免费来赢得在中国的竞争，那么未来的竞争是否会逼迫你在全球免费？接下来的致命问题：如果免费成为必须，那么你现在 51 亿美元的收入是否会消失？

邵亦波表示，我国电子商务市场已经发展近十年，但尚未有成功上市的公司，淘宝免费的模式，更让电子商务公司盈利模式陷入困境。不过，在 2008 年，淘宝再一次用事实对这种疑问给予了回答。同年 11 月，一直坚持免费的淘宝宣布盈利。淘宝有 3 个收益来源。第一，卖家通过淘宝平台享受各种增值业务。淘宝为卖家提供的物流以及各类管理店铺软件和服务、财务报表和客户关系管理工具和软件等，它们来源于淘宝网和阿里软件及第三方软件提供商。第二，淘宝商城。这是一个 B2C（企业与消费者间的电子商务模式）服务、淘宝会根据进驻商城客户的月交易额设定一个保底佣金和抽税率。其实，这跟易趣网的收费模式十分相似，但是，这只占淘宝收入的很小一部分。第三，广告。淘宝收取小额广告费用，这一点是意料之外，却在情理之中。因为淘宝的用户都是为购买商品而来，他们有着非常强的购买意图，这也是对广告主最有吸引力的用户群。淘宝广告对商品销售的直接拉动效果肯定大于门户广告的，与搜索引擎的广告机制类似。

第三节 B2B 电子商务商业模式创新

一、B2B 概述

B2B（business to business）指企业与企业之间的电子商务。交易的双方均是企业，无论是原材料采购中的供货商对采购商、半成品的供货商对中间商或中间商对制造商，还是制成品贸易中的制造商对批发商、批发商对批发商、批发商对零售商，主体双方均是合法注册的企业，交易额一般较大。B2B 可以说是较早地使用线上线下结合的一种贸易方式，有着大金额、大批量的交易，主体还是传统的贸易方式，从询盘、发盘、还盘和接受的 4 个交易磋商环节中，"电子化"手段被较好地引入了过程中。

二、海尔

海尔集团创立于 1984 年，近 40 年来持续稳定发展，已成为大型国际化企业集团，中国最有价值品牌第一名。海尔是国内大型企业中第一家推出电子商务业务平台的公司。对于海尔，国际化是目前一个重要发展战略。所以，海尔必须要进入电子商务领域，而且要进去就得做好，没有回头路。

海尔招投标网平台作为海尔集团在互联网上搭建的一个采购用具，连接海尔集团采购员和供应商。它提供包括网上招标系统、电子报价系统和网上交易系统在内的三大功能模块。其中网上招标系统为基础，电子报价系统为核心，网上交易系统为辅助，3 个子系统互相独立又相互关联，缺一不可，相辅相成，共同构成一个整体。海尔集团借助这一平台，实现了线上招投标、竞价采购、询价比价采购全流程。供应商线上登记，递交企业资料并由海尔集团供应商管理员核实确认。海尔集团采购人员线上发布招标书及其他采购信息，经海尔集团审核通过的合格供应商可查阅选购标书并参与线上招标，采购方线上评标、议标、发布预中标并最终发出中标公告。经海尔集团审核通过的合格供应商也可以将自己的产品发布到海尔招投标网上供海尔集团选择采购。供应商可以通过下载说明来了解海尔集团供应商的业务流程。

三、一家客户关系管理（CRM）软件公司

Salesforce（美国一家客户关系管理软件服务提供商）位于旧金山最繁华的大街一号的总部，办公室的墙壁上随处贴着与禁烟标志类似的圆圈加斜杠标识，只不过上面的"No Smoking（禁止吸烟）"变成了"No Software（禁止软件）"。这个别出心裁的标识代表了 Salesforce（美国一家客户关系管理软件服务提供商）的企业宗旨，而且 No Software 也正是 Salesforce 存在的理由。1999 年公司成立之初，创始人就曾宣布传统软件时代即将终结，自称软件终结者。传统软件概念中的采购、安装、使用等环节，会随着租用软件的来临发生彻底的变化，用户无须再采

购任何软硬件，只要按年或者按月付费，便可随时通过网络使用所需的各种服务，而企业以月租费的形式支付使用费。

Salesforce（美国一家客户关系管理软件服务提供商）——这款客户关系管理软件的租用，开拓了全新的软件应用模式，即通过互联网利用企业级应用软件进行管理。通过订购 Salesforce.com（美国一家客户关系管理软件服务提供商），顾客避免了购买自己的软件和在计算机设置系统、维持系统运行的费用与麻烦。在几年时间里，Salesforce（美国一家客户关系管理软件服务提供商）不断添加更多的功能，包括客户用来定制服务和独立软件公司用来开发相关应用程序的工具。当前，全球有 29800 多家公司和 646000 名注册用户使用 Salesforce（美国一家客户关系管理软件服务提供商），包括了众多业界巨头，如通用电气、AMD、通用汽车、时代华纳、美国在线、道琼斯新闻热线等。Salesforce（美国一家客户关系管理软件服务提供商）进入中国后，希望可以提高整个中国中小企业对租用客户关系管理的认识。

第四节　O2O 电子商务商业模式创新

一、O2O（线上线下电子商务模式）概述

O2O（线上线下电子商务模式）就是把线下商务中的契机和互联网相结合，使互联网变成线下交易前台。这样线下服务就可以用于线上招揽顾客，消费者可以在线上来筛选服务，成交后可以在线结算。该模式最重要的特点是：推广效果可查，每笔交易可跟踪。

O2O（线上线下电子商务模式）模式需要消费者在网站上进行预约并付款，预约和付款信息将是商家获取消费者购物情况的主要通道，便于商家采集消费者选购数据，继而实现区域化精准营销，较好地稳固和扩大区域性顾客。目前，O2O 模式已逐渐被各大电商企业所接受，并取得不错成效。但从发展现状来看，O2O 模式仍存在一些问题，可以从降低成本、提高效率、增强便捷化与个性化等方面进行创新。通过线上资源提升的顾客不会为商家造成太大的成本代价，却能

使之获得更大的收益。对商家来说，O2O（线上线下电子商务模式）模式可以帮助避免选址和租金的烦恼；对消费者来说，O2O 为本地商家提供了大量、全面、及时的产品和服务信息，可以快速甄别和订购到合适的物品或者服务，并且保证了一定的性价比。

O2O（线上线下电子商务模式）模式最初由美国 Trial Pay 创始人约翰·兰佩尔在 2011 年 8 月提出。主要特征为：以"人＋物"为基础、以"线上线下相结合"为主渠道、以"消费者需求"为核心，O2O（线上线下电子商务模式）模式就是这样一种新型商业模式，起源于美国，已被广泛应用于全球，我国的企业应用 O2O 模式的也越来越多，前景广阔。简单来说，它是通过线上营销和线下经营相结合的方式，将线下消费与互联网技术相结合，利用互联网对商品进行实时统计，并根据消费数据生成相应的评价信息，从而为消费者提供服务。这种线上线下的结合将实体经济和虚拟经济联系在一起，使消费者、线上网络平台和线下实体门店一起构成一个生态圈，如图 4-4-1 所示。

图 4-4-1　O2O 生态圈示意图

二、O2O（线上线下电子商务模式）战略布局

O2O（线上线下电子商务模式）这一概念由阿莱克斯·拉姆贝尔（Alex Rampell）在 2011 年 8 月份提出，11 月份传入我国之后，引发了实践与探讨的高

潮。O2O（线上线下电子商务模式）是指将在线消费者带进真实的店铺，使消费者在线上进行付款，然后在线下享受商品或者服务。一般认为，该模式存在的困难与关键是如何在产品展示与在线支付之间完成一个闭环，使营销效果易于监管，各方面利益都能得到充分保证。

当互联网巨头 BAT（中国互联网公司三巨头），即百度、阿里和腾讯相继在生活服务领域落了几枚重要棋子后，形形色色的评论文章便充斥于坊间。事实上这种商业模式早已不是什么新鲜事了，如携程、去哪儿和各类团购网站就是这个理念的实践者，有些网站甚至已经发展成为上市公司。O2O 实质上是生活服务的互联网化进程，这一进程是不可避免和不断进行的，只不过如今这一进程已经被人们赋予新的理念。随后探讨的生活服务市场多指餐饮、休闲娱乐等行业，都是当下最热门的领域，更是人们竞相追逐的热点。

与生活服务相关的多种形式的线上服务早已经存在，但线下商家不够成熟和规范，信息化水平较低和从业人员素质相对滞后等因素限制着线上服务，如今该领域尚未孕育出上市公司。眼馋市场者大有人在，如今这些线上线下制约因素都在逐渐向好的趋势发展，借巨头们布局之机，我们也可以看看这片市场前景如何，谁更有实力打通线上线下，玩转 O2O。

（一）消费者和商家眼中的 O2O

商家与消费者分别为生活服务市场的两端，O2O 所承载的就是怎样搭建更好的桥梁，让商家与消费者能更快更好地建立起沟通渠道、达成交易。通俗地说，消费者对 O2O 最重要的要求就是能在适当的时间和地点寻找到质量和服务都非常好的商户，要是事先能了解到所需产品与服务最新消息和具体信息（数量、尺寸、市场价等），能预约到服务或享受到某些优惠就更好了。

商家能否接受 O2O，关键要看能否为他们带来实实在在的利润。商家利润水平主要由用户量和单次消费额度决定，所以有效 O2O 模式应能在提升用户到达店铺频率（提升商家曝光度）和单次消费额度的前提下，协助商家持续提升用户存量（保留老用户）和增量（招揽新客户）。另外，还有一点非常重要，就是该模式要简便易行，适合商户操作习惯。

从整体上看，消费者对 O2O 最重要的诉求集中在前端的信息获取与检索上，商家应开放前后端的系统，以前端为消费者提供信息，促进消费者的购买决策，通过后端为消费者提供优质售后服务，强化客户关系管理。最后，利用大数据技术来优化线上销售流程，以更好地为用户提供优质服务。如今点评网站、预订网站、优惠券网站、地图导航等都能很好地满足消费者获取信息与检索的要求，让消费者在轻松找到心仪产品的同时也能享受到优惠的服务。伴随着智能手机的进一步普及和本地化服务深度结合，这一便捷性也越来越高，但这些业务并未和商家后台系统打通、未形成闭环，所以营销效果无法监管。

（二）基于未来场景看巨头们的战略布局

任何 O2O（线上线下电子商务模式）消费场景都可以把这个过程划分为如下阶段：获取信息、甄别和决策、抵达线下、消费和结算、评论和共享。纵观 O2O（线上线下电子商务模式）商业模式的创新，商户可以通过后台对系统进行管理并对顾客进行维护。几家大型企业的 O2O（线上线下电子商务模式）布局基本也都是围绕着这些环节进行。

在互联网上注重入口这个理念，那本地服务有哪些入口呢？从以上所述情景来看，O2O 始于对消费者信息的访问和检索，所以能在这个过程中向消费者提供最优质服务的企业就相当于把持着本地服务这个入口。大众点评就是在这方面做得最好的企业之一。截至 2015 年第三季度，大众点评月活跃用户数超过 2 亿人，点评数量超过 1 亿条，收录商户数量超过 2000 万家，覆盖全国 2500 多个城市及美国、日本、法国、澳大利亚、韩国、新加坡、泰国、越南、马来西亚、印度尼西亚、柬埔寨、马尔代夫、毛里求斯等全球 200 多个国家和地区的 860 座城市。截止到 2015 年第三季度，大众点评（网站和移动设备）月均综合浏览量突破 200 亿次，移动客户端浏览量占据了总浏览量的 85%，移动客户端独立用户数突破了 2.5 亿人。这几个数字共同作用，确保消费者获取信息的量与质，构成信息入口优势，这将成为一道极具价值且竞争对手在短期内难以逾越的屏障，而无论通过二维码还是其他形式与线上线下联系，都要把这几个信息累积起来。这也就是为什么有了这个入口之后，消费者就能很容易地和商户建立起联系，让消费者知道商户的具体情况。所以说，这个入口非常重要。借助这一入口，大众点评的职能可以很好地为平台完善其他领域的职能。

O2O（线上线下电子商务模式）是企业在发展过程中所做出的重要战略布局，目前已经形成了以微信为基础，通过微信公众号、会员卡等方式销售商品或服务的模式，同时结合了"财付通"的部分功能。从2013年开始，腾讯又陆续推出了支付平台、移动应用商店、游戏商城、金融门户等多个业务板块。其中最引人瞩目的就是微信支付的推出。微信支付是微信的核心业务之一，这一点毋庸置疑。微信拥有庞大用户群体，前景可观。微信上的客户管理系统可以帮助企业更好地管理存量客户和消费者。

阿里巴巴是以支付宝和团购为基础，通过一淘网打造了一个全新的本地服务平台——"淘宝本地"，并在此基础上又推出了一个名为"丁丁网"的平台。这四条路径都是围绕着O2O（线上线下电子商务模式）展开的，并且已经拥有自己的本地服务平台，阿里对丁丁网的投资就显示了对本地服务平台的重视，挖掘了本地服务平台在O2O（线上线下电子商务模式）的潜力。O2O（线上线下电子商务模式）商业模式中最重要的一环——"用户"具有巨大的商业价值，而移动互联网的发展，使人们更加注重移动端的体验，并将移动端当作一个平台来使用，这就是移动互联时代。信息入口所具有的价值决定了阿里巴巴O2O（线上线下电子商务模式）将沿着与大众点评相似的道路，聚焦本地服务平台，控制好信息入口，再逐渐整合支付、地图等功能环节构成一个综合O2O（线上线下电子商务模式）服务平台。

如今，生活服务市场中分散着众多"玩家"，应用技术也各不相同。比如，为用户提供本地生活服务平台，为用户提供信息聚合和评论服务、为用户提供餐饮预订服务、为用户提供地图服务等，另外还包括语音服务、移动支付等多项先进技术，其中大部分服务与技术都是相互隔离的。为了满足消费者对在线交易的需求，"互联网+生活服务模式"应运而生。"互联网+"将改变人们的生活方式，也必将影响整个社会经济发展。生活服务领域也不例外，与传统行业有着紧密的关系，两者相辅相成，互惠互利。随着线上线下标准化、信息化水平不断提高，这些业务将被全面整合，从而形成大型O2O（线上线下电子商务模式）服务平台。

想象一下这种场景，我们要选个地方与好友共进晚餐，先打开应用选择自己要前往的地方，此时将看到该地方周边所有餐厅及菜品、折扣及评分情况，同时也将详细了解各个餐厅的定位和用户评论情况，这些情况共同影响我们对某一家餐厅的评价和最终决定，此时既可方便订餐，也可针对某些问题实时与该餐厅服务人员进行交流。我们需要把这些信息发送到服务器中，然后再由服务器将相关数据存储起来。当我们到达目的地后，系统会自动查询到该餐馆的地理位置信息，并且生成一张电子地图并显示出来反馈给我们。订了饭店后，我们就能把资料传给好友。当我们准备启程赴约时，本次申请已经记录下稍后将要前往的地点并提示是否打开地图导航模式来显示地点及路线。用餐后，可通过申请直接付款，并且能将对饭店的评价、用餐情况等信息与更多人进行交流。

消费者在消费过程中会产生大量的点评信息，为了让消费者能快速准确地找到自己想要的信息，CRM（客户关系管理）系统对用餐客户提供了个性化信息。从整体上看，未来O2O将聚合线下信息、点评信息、预订服务、地图导航、CRM（客户关系管理）、语音和实时沟通，以地理位置为核心为消费者提供服务。

三、O2O创新应用案例

（一）美国O2O创新应用案例

1.O2O在房产方面的应用——美国爱彼迎公司和赶集网的蚂蚁短租

2008年8月，作为旅行房屋租赁社区的爱彼迎（www.airbnb.com）正式创建，用户可以利用网络或者手机应用程序来发布和查找度假房屋租赁信息，从而在网上完成预定。爱彼迎公布了达50000条房屋租赁信息，用户分布在167个国家的近8000座城市。在全球范围内，爱彼迎以独特高效的服务方式和个性化定制的解决方案赢得了大量消费者的青睐。目前已经成为世界上最大的在线房屋租赁平台之一。同时也是世界上最成功的网站之一，拥有超过5000万注册会员。《时代周刊》称爱彼迎为"房子里的易趣网"。爱彼迎的服务用户数量在2011年以不可思议的速度发展到起初的8倍。

爱彼迎是一个专门为拥有闲置空间和急需租房的房东与租户提供短租房屋信息和租赁交易的平台。这也是继滴滴打车之后又一个互联网公司进军共享经济领域。爱彼迎将为人们提供一种新型"租住"模式，用户可利用空闲时间自行租赁房屋。这种方式方便快捷、效率高且成本低，易于推广，因此拥有广阔的市场前景。短租房屋有很强的临时性和突发性，爱彼迎的应用能满足人们的住宿需求；而且从订房到付款每一个环节均通过平台完成，顾客只需拎包入住。这个平台也能显示消费者对房屋和服务的评估，便于商家进行监管与整改。

2011年，赶集网斥资2000万元推出O2O（线上线下电子商务模式）产品蚂蚁短租，迅速占领短租市场。赶集网是国内最早的民居短租服务平台之一，"蚂蚁短租"是国内最早实现O2O（线上线下电子商务模式）（房主与租客）交易的短租交易平台。这种商业模式在中国也被称为"房屋众筹"。"房屋众筹"是互联网金融模式中的一种新型融资方式，以房屋作为抵押担保来实现融资目的。房屋众筹模式是在美国爱彼迎平台上发展起来的，在国外已有成功案例。目前国内还没有相关报道，但前景可观，潜力巨大。

赶集网的目标用户是有一定需求的潜在消费者，如果能在这个基础上开发出一种新的商业模式，就能很好地吸引一部分消费者的注意力，从而形成巨大的市场空间；另一方面，赶集网上积累着大量的商户资源和消费数据，这些信息数据都有相当大的经济价值。与其他团购网站相比，赶集网更多的是依靠自己的商户信息进行交易，把二者通过蚂蚁短租平台进行融合，并通过从线下商家处获取佣金的方式获得利益。

这两个网站的发展速度之所以都很快，是因为它们采用了O2O（线上线下电子商务模式）这种新的商务模式。线上完成下单和支付，线下完成交易的方式，对服务行业来说是非常合适的，但也存在一定的问题，例如，2011年爱彼迎就发生了房主被房客洗劫的事情。的确，所有的网站都一再强调保障消费者利益的重要性，但是却忽略了商家的利益也是需要维护的，类似事件的发生也为我们敲响了警钟，即在努力维护消费者权益的同时也要充分考虑到商家的利益。

O2O商务模式在未来的发展前景是很可观的，只要是与体验行业和服务业相关的行业，就一定能运用这个模式取得成功。

2. 优步（Uber）私家车搭乘服务

优步是一个基于手机端的私家车搭乘服务网站，是由美国在线出行服务提供商优步推出的一项移动商务服务。用户可以在任何时间、地点叫到自己所需要的交通工具，享受到最方便、最快捷的旅行体验。优步应用程序可以让用户在手机上发送打车请求，在几分钟之内就能匹配到一辆附近的私家车（该应用能透过 GPS 追踪定位私家车）并获得需的服务，然后再通过信用卡线上支付费用。

这项服务已被广泛普及，优步减少了等待出租车的时间，避免了因出租车的机动性耽误客户事务的情况，并且提供了比出租车更好的舒适性和快捷性，给乘客提供了更多选择的机会。

优步集 O2O（线上线下电子商务模式）和 LBS（基于移动位置服务）于一体，通过 GSM（全球移动通信系统）、CDMA（码分多址）等无线电通信网络或者 GPS（全球定位系统）等外部定位方式获得移动终端用户位置信息，即地理坐标。用户在软件中发送请求时，服务端收到消息后会立即查找附近已授权的私家车并告知车辆接单。从手机端的程序显示中，我们能看到最接近自己的车辆，再确定一下车辆的行驶方向即可预订，非常实用，安全可靠。实时数据将及时发送给客户和司机，随后系统将监测行程并自动计算要收取的费用。

优步私家车搭乘服务有下列优点：

（1）可以在任何时间、任何地点使用

这一打车方式为部分人群解除燃眉之急。

（2）适应手机营销这一未来发展趋势

通过分析移动互联网时代下的手机营销现状和未来发展趋势，不难看出，如今手机服务作为新兴行业，竞争对手比较少，新颖的营销方式对出租车行业进行了升级改造。

（3）入行门槛低

第一，许多家庭都拥有多辆汽车，有足够的车辆资源可供使用；第二，汽车安全由担保公司负责保障，免除后顾之忧；第三，待业者众多，司机资源整合极为方便，成本优势显而易见；第四，实时供应链管理解决方案掌控全局与计费，将核心环节掌握在自己手里；第五，使用已流行的智能手机拉拢顾客并自动付款，充分发挥高科技力量，实现自助服务。

不利之处表现在如下两点：

第一，虽然方便、高效，但价格跟公交车相比并不占优势。

第二，安全性差，无法规避某些犯罪团伙利用该平台从事不法之事的可能性。

3.Zaarly（二手商品交易）的时代

Zaarly（二手商品交易）移动电子商务通过信息化技术将供需双方融合一体，利用 O2O 模式为本地化市场提供连接买卖双方的服务。操作方法是这样的：用户利用移动端应用程序将自己的需求粘贴到 Zaarly（二手商品交易）网站中，其中包括所需物品、想用何种价格得到这些物品、何时需要这些物品等信息；之后 Zaarly 通过自己的平台将用户需求信息共享出去，用户还可以选择通过这些平台将这些信息转发到推特（Twitter）、脸书（Facebook）等网站；附近的居民或商户有访问、查看这些用户需求信息的权限，并且可以匿名与用户取得联系，从而完成买卖交易。在这个过程中，卖家给出自己的价格与方案，形成竞争，买家从中挑选最优方案。Zaarley（二手商品交易）则提供一个虚拟电话连通买卖双方促进交易的达成，并且后续还可以根据买卖双方的信息对用户提供相应的帮助，如推荐合适的产品和服务等。这种商业模式使得卖家和买家能快速实现在线交易，并降低交易成本，双方只需注册成为实名用户即可。买家拥有订单选择权，不受地域限制、时间自由、费用透明、方便安全。用户还可以通过它进行竞拍，用户可通过现金或者 Zaarly（二手商品交易）配套的信用卡支付系统完成支付。

Zaarly（二手商品交易）的特点主要有以下几点：

第一，Zaarly（二手商品交易）主要运行在移动设备上，利用了当下比较潮流的 LBS（基于位置的服务）技术。Zaarly 已经推出了一款免费的苹果手机应用，还有一个 Facebook 应用。

第二，由于 Zaarly 提供的平台非常开放，所以用户能便捷地根据自己的需求选择所需的产品或者服务，而不需要考虑地理位置、时间等限制因素。这种新方式可以使消费者在任何时间、地点都能购买到他们所需要的产品或服务。这点对用户而言是非常重要的，可以说 Zaarly 的业务在一定程度上并不单纯建立在商品与服务上，而更多建立在购买与销售体验上，因为这些东西在不同个体身上具有不同的价值。想象一下，如果我们正在现场观看一场篮球赛，但是想知道自己能否获得更好的座位；或者没能在一家高级餐厅订到座位，但现在想要找到座位，那么就可以用 Zaarly 发布自己的需要和您愿意出的价钱，看看是否有人能提供座位。Zaarly 要促成的就是这种交易。

第三，公司的营收模式可能会涉及信用卡和贝宝（PayPal）交易分成。Zaarly 的创始人菲什巴克对 Zaarly（二手商品交易）未来的设想是：我们通过手机为万事万物创建一个全新的、买方驱动的、基于地理位置的市场。

第四，Zaarly（二手商品交易）和"许愿机"的原理相似，为客户提供许愿服务，帮助顾客实现愿望。顾客通过信息流、资金流和线下物流完成交易；客户公布需求信息、发布标价，卖家在交易达成之后得到报酬。但也存在着局限性，需要来自各方面信息人士的多方位支持。Zaarley（二手商品交易）类似于催化剂，能有效地帮助顾客加速购物进度，也可以提高顾客对商家的信任度，从而降低客户群流失率，帮助商家节省成本，提升利润；如若客户所发的消息无人回应，客户的积极性就有可能被挫伤，之后的参与度也随之降低，这样就不利于 Zaarly（二手商品交易）的推广。

（二）国内 O2O 创新应用案例

2013 年 11 月 5 日，百度指数中"O2O"的搜索指数为 4443，首次超过"电子商务"搜索指数，O2O 成为 21 世纪商业世界里最热的商业模式。

将互联网与实体商业相结合的 O2O 模式就是将线下商务机构和互联网相结合，使互联网真正成为线下交易平台的一种模式，这一理念最初起源于美国。近年来，O2O（线上线下电子商务模式）已经被越来越多的人接受并应用于各行各业，成为一种新兴商业模式。随着电子商务市场的迅速扩张，O2O（线上线下电子商务模式）也得到了快速发展。目前，O2O 已渗透到社会生活的方方面面。随着技术的不断成熟，O2O 在整个产业链中占据越来越重要的地位，O2O（线上线下电子商务模式）的应用也越来越广泛。2013 年以来，O2O 进入了一个高速发展阶段，并呈现出新的特点。

O2O（线上线下电子商务模式）商业模式是以消费者为中心，通过线上与线下结合的运营模式来吸引流量和提升客流量的一种新方式,也是对消费者的一种"挖掘"行为。O2O 商业模式是一个以顾客为主线、以服务为辅线的新零售模式,这种模式的核心就是以用户为中心。它有很多优点:效率高、成本低、效果好、方便实用、安全可靠。由于每笔交易(或约谈)均在网络上进行,所以质是可以计量的。线下和线上的结合可以让消费者更方便地获得服务,同时也能让消费者得到实惠。

本书从 O2O 取得成功的两个必要条件——互联网与实体入手,对国内 O2O 的若干成功案例进行介绍。

1. 佐卡伊——最变革的 O2O

佐卡伊(http://www.zocai.com)是全国第一家通过网络销售珠宝的电子商务公司,是一家拥有较高声誉的钻石电子商务平台。美国的铂路奈尔(Blue nile)在 2004 年登陆纳斯达克,它的成功验证了钻石珠宝业实行电子商务模式的可行性;2014 年,佐卡伊登陆淘宝商城,与天猫达成战略合作关系,共同打造中国最大的钻石珠宝 B2C 平台——佐卡伊网。当年佐卡伊就在电子商务中做起了体验销售,并不断累积经验。

佐卡伊起初侧重于发展线上服务体验,在 2008 年才重视发展线下体验服务,提出了整合对接 CRM(客户关系管理)系统与 ERP(企业资源管理)系统、挖掘 O2O 内在要素的发展新思路,并从产品、价格、渠道、促销等方面分析优势及内在要素。同时借助微信平台、微博平台等新媒体渠道推广营销,让客户随时随地可以享受到便捷化的生活方式。在发展过程中,佐卡伊发现,移动互联时代的营销需要一种创新思维。其借助互联网进行精准营销,通过精细网络展现来提高网站的浏览量,利用千万级的 PV(页面浏览量)来提升品牌的知名度;在各大城市纷纷设立线下体验店,配合成熟的微应用技术,形成了一个从外到里、又从里到外的闭环控制体系,做到网上预约、线下体验、线上与线下互为补充的模式效果,最终在 2013 年 O2O 的概念在人群中普及之时顺势而为,成为少数成功运营者中的佼佼者。

2. 绫致——最顺畅的 O2O

作为较早进入中国市场的服装企业之一,绫致的产品有唯一(ONLY)、杰克琼斯（JACK&JONES）、维莎曼（VEROMODA）、思莱德（SELECTED）等始终畅销中国市场，覆盖了全中国 300 余个城市，共有 6000 余家实体店铺。2012 年，如何提升店铺客流量和客户体验、提高客流转化率成为摆在绫致面前急需解决的课题。为此，绫致的管理层开始探索新的营销方式——O2O。绫致借助与微信平台的合作，推出了很多 O2O 活动，在这样的模式下，唯一和杰克琼斯都取得了不错的成绩。

通过微信，用户可以在小程序中看到自己想要购买的商品，并能实时地了解到商品的销售情况。例如，搜索商品，可以查看商品的地址、价格、功能等信息，综合考虑后选择满足自己需求的商品进行购买，再利用 LBS（如服装吊牌），扫描商品的二维码，将用户从线上引流到线下实体商铺。在通过 CRM（即库存管理）功能，完成对商品的管理。

该用户是否为会员、顾客以前买了什么商品或者"扫"了什么商品、比较青睐立领或者圆领、属于条纹控或者格子控等一连串的数据信息都会传输给导购员电话里的导购客户端，这样一来，导购员就能在合适的时机对顾客的选购进行干预并给出针对性、实用性的建议。通过该系统，用户也可以了解自己的喜好和商品的属性信息，如服装的质地、颜色等；还能根据需求选择适合自己的衣服款式和尺寸，并发表试穿评价，这对用户来说非常实用，可以提供很好的购物体验，方便快捷、一目了然。同时，用户本人还可以通过移动端观看推荐搭配，遇到心仪的款式就可以通过手机下单，如果暂时迟疑不决，也可以对有关商品先进行收藏，回到家后邀请家人和朋友一起参考，最后决定是否购买。

由以上模式可以看出，顾客到店内的 5~15 分钟就成为选购的关键。因此，产生了基于二维码的商品与服务的互动销售模式。该模式包括了三个步骤：首先要对消费者进行精准定位；其次要构建一个"人—机"交互体系；最后还要实现线上销售和线下推广相结合，这也是核心环节。在这个过程中，商家会通过引流、驻流和转化等方式让消费者扫描二维码。通过微信链接，可以实现个性化导购、预约试衣等功能。简而言之，就是把客户粘在一个品牌的线上平台上，通过针对性的个性化推荐与营销来增长销量。

3. 居然之家——最硬气的 O2O

尽管天猫在家居领域不断抢占市场，但是居然之家等传统商家也学着以高筑墙抵挡外来袭击，不容"侵袭者"轻易夺走家居卖场销量。

从 O2O 方式切入，分区域建立分站点，坚持"经营主体相同、商品相同、价格相同、服务相同"的四同原则，居然之家的一系列操作已然令电商和线下家居卖场产生了实实在在的化学反应。使居然之家更有底气的是在家居类中有绝对的话语权。在苏宁易购和国美电器的引领下，O2O（线上线下电子商务模式）模式正逐渐改变着整个家居行业的面貌。而居然之家仅用了短短几年时间，成功地将自己打造成了一个自给自足的电商平台。这种电商模式也许可以作为家居领域 O2O（线上线下电子商务模式）的典范。

第五节 C2M 电子商务商业模式创新

一、C2M 概述

C2M 全称为（Customer to Manufacturer），意为消费者直连制造商。在 C2M 模式下，用户需求直达生产或者驱动生产，同时砍掉了库存、总销、分销、物流，甚至是店面等中间环节和不必要的成本。因此用户可以用超低的价格买到高品质的产品，甚至能根据自己的个性化需求实现定制。C2M 与传统商业模式的底层逻辑是不同的。

以服装行业为例，在传统的商业模式下，商品从制造到用户使用要经过一个漫长的过程，先是品牌研发设计、定款定色，然后根据预估的销售数据下单到工厂，工厂根据订单生产制造，继而由工厂发货给品牌商（自己有工厂的品牌商则直接发货给总代理），品牌商发货给总代理，再到各城市代理，再从城市代理到商场门店，最后到消费者。

在电子商务深度普及的今天，许多品牌商都有线上渠道。有了线上渠道，便可以根据数据更准确地预测销售情况和更快速地追单。然而，线上渠道的天然缺陷是用户不能直接感受到产品，看图下单的销售方式导致服装类商品退货率很高，平均退货率能达到20%左右。这部分成本在企业核算价格的时候，仍然会被算进总体运营成本里，最终还是用户买单。

另外，在高居不下的加价倍率下，品牌方的成本不仅是生产制造以及流通成本，还有最重要的库存成本。通常情况下，在消费者支付的价格中，库存成本占30%。即使世界上供应链管理非常好的快时尚服装品牌飒拉（ZARA）也不能完全消灭库存。

C2M模式最大的特点是以需定产。这个"需"首先是企业在大数据和算法下收集到的相对精准的用户数据，其次是按需定制——用户先下单，工厂再生产。无论是哪种方式，C2M模式的价值都在于可以最大化地减少生产的不确定性，最大限度地降低库存，甚至完全消灭库存。一旦大幅降低了库存，对企业而言就意味着大大提升了资金使用效率，降低了每件商品的生产和流通成本；对用户而言则意味着可以大幅降低购买成本。由于是需求驱动生产，C2M模式还能实现用户的终极体验——实现个性化需求。

无论是定制服装，还是定制冰箱产品，或是定制其他物品，都是根据用户的需求进行个性化定制的产物，并不会出现库存，也不存在大规模物流和仓储，这样就将不能给用户产生价值的成本都省去了。当然，尽管C2M模式的目标是围绕用户实现个性化定制，并非所有的定制都是C2M模式。

提到服装定制，有些人可能会想到电影《王牌特工》里帅气的男主角在西装店里定制西装的情景。在普通生活场景里提到服装定制，大家想到的就是高级定制（简称高定）。所谓高定，大多离不开高端奢华的店面以及手艺精湛的老裁缝，当然价格也是相当"高端"，普通人很难有经济实力享受到这样的产品和服务，高定往往只能满足小部分人的需求。

本书所定义的C2M模式指的是要能规模化地满足普适用户的需求。因此，C2M模式中的"C"指的是规模用户，而不是小部分用户。C2M模式中的"M"指的是制造商，是Manufacturer（创造大批商品的企业），不是Manufactory（大型手工作坊），也不是Factory（生产某种特殊物品的工厂），意思是在制造端也要实现规模化的生产，而不是回归小作坊。

C2M模式下的按需定制不是回归手工业的定制，恰恰相反，C2M模式下的定制是要将个性化定制融入大规模的工业化生产中去，用规模化的制造能力满足规模化用户的个性需求，这才是真正的 C2M 模式。

二、渐进式创新——适合中国绝大多数 C2M 模式下的工厂改造

正如前文所述，C2M 模式下，产销平衡是一个重大挑战，那么到底是先有订单还是先建产能？怎么才能更精准地满足用户需求，同时工厂还能维持良性的运转？这是我们将要探索的问题。

最理想的方案是渐进式改造。渐进式改造就是制造企业可以先实践，拿出一条生产线做柔性化改造，随着订单量的增长，再进一步增加生产线，来保持 C 端客户的用户体验。

作者观察了几家 C2M 工厂的改造方式，如，量品定制和必要平台的供应商恒裕鞋业等，虽然每家因为所处行业特点的不同，侧重点也不相同，但是它们都用渐进式改造来进行 C2M 模式实践。渐进式改造方式是非常务实的，既不丢失现有的外贸订单，又可以面向未来，具备了精准服务用户的能力。量品定制的生产工厂最初就是在 B 端客户的生产线中挑选一部分工人组成小组。再把小组形成一条单件流水线，之后慢慢将工厂的一层变成专供量品的单件流水生产线。与此同时，工厂 OEM 订单（即贴牌生产，Original Equipment Manufacturer）并未停止，以保障工厂的正常运作。

在必要商城上，几乎所有服装制造企业都是采取产线改造的方式。牛仔裤制造商宝发纺织服饰就是典型的在渐进式改变中获益的。汉帛集团 2015 年与必要商城合作，先拿出一万平方米工厂做生产线改造。

VIZ 是一家专注科技制鞋的综合企业。在 VIZ 的制鞋工厂，有一条生产线与必要商城的后台打通，专门生产必要商城的 C2M 订单。与此同时，其他生产线的 OEM 订单照常生产。不过，针对 C 端用户的"生产线改造"意义重大，这样的改造相当于给传统生产线升级，使生产线的"适配"能力更强，就是既能生产批量订单，也能生产来自 C 端客户的订单。

因此，C2M 模式下，制造商工厂的改造无论是单件流模式、柔性的小批量订

单模式，还是高级的智能化改造，最实际的方式都是评估订单的增量，进行渐进式改造。这种改造方式在近两年或许会加快，主要有两个原因：第一，受新冠疫情的影响，许多外贸加工企业丢失了大量贴牌加工的订单，开始将目光转向国内；第二，互联网对制造业的渗透，使制造企业有着强烈地连接消费者的冲动。

（一）乐凯安吉：一条流水线支撑800个SKU（最小存货单位）

广东省东莞市厚街镇是高端皮具和家具的产业集中地，位于此处的乐凯安吉（东莞）皮具有限公司主营产品是休闲鞋和皮包，也是古驰、阿玛尼、巴利等国际一线品牌的休闲鞋供应商，创始人雷四海在柔性制造探索方面走得更深入一些。

随着国内互联网平台对C2M模式的重视，雷四海认为这是优质制造商的机会。实际上，对雷四海来说，原先传统的贴牌加工业务并不缺订单，但是从企业长远发展来看，需要在贴牌加工之外再探索一条新路，作为公司未来发展的B计划。

东莞的制造业基础非常好，也是许多世界大品牌的生产基地，雷四海多年来与世界大品牌打交道，积累了世界一流的产品开发和制造能力，拥有经验丰富的产业工人。不过，近几年，东莞的制造业工厂成本越来越高，如果想要降低成本，只能北迁或者外迁，对于需要产业配套基础和资深产业工人支撑的工厂来说，迁厂基本不现实。那么只剩下一个路径，就是提升利润率，而代工贴牌这条路基本上很难有提升利润的空间，售价3000多元的品牌鞋，工厂的出厂价也就是200元左右。如果能直接对接消费者，将出厂价200元的鞋子卖到300元，中间也有100元的毛利，品质却可以对标大品牌。

对于雷四海来说，重新打造品牌，用传统渠道去销售难度也比较大，工厂在开发制造上是长项，但是怎么与用户沟通却是短板。当雷四海在寻找新的增量机会时，国内以必要商城为代表的C2M模式正在兴起。无论是必要商城，还是网易严选、小米有品等，都在扶植优质的制造商，将用户直接对接工厂。

每天来自不同平台的小订单可能是几单，也可能是几十单，款型尺码也完全不同。要想满足的这样的订单需求，就要对工厂的流水线进行改造，换句话说，要把原先工厂流水线上生产的批量订单、同一时间都是相同的SKU（Stock

Keeping Unit，最小存货单位）改造成 C2M 模式下的小订单、同一时间段可能是不同的 SKU。

尽管互联网的订单量小而零散，雷四海还是决定建一条柔性生产线，建立的标准就是只有一双鞋的订单也可以接，而且要能很快出货。要对接来自各个平台上的零散订单，这条柔性生产线需要 IT 系统来支撑。雷四海发现，想要将前端订单与制造流水线运行起来，市面上没有一套适用的 ERP（企业资源计划）系统，他只好请专业的系统工程师针对这个生产流程开发一个 IT（互联网技术）管理系统。

系统将每天来自不同平台的订单导出来。在开料环节将同款产品归集起来，形成开料单。开料之后，每个订单都有一个单独的条码，有一张独立流转的流水单。从开料到做鞋面再到鞋头成型，一条流水线上 30 多个工人，一双鞋子 100 多道工序，每一双鞋子的加工方法都在流转单上标示清楚。

在这条流水线上的鞋子，样式和材质都各不相同，完全是单件流，订单从进入到最后包装、发货，只需要 5 天时间，每个环节都精确到小时。雷四海不仅将这套流程形成了一套 IT 系统，还制作了一本操作手册，整个流水线的管理模式也围绕着单件订单进行，这与以前的大订单流程大为不同。

但是最初，由于每天来自不同平台的客户，每个客户的订单不同，反映到流水线上就是 SKU（最小存货单位）不同。这些 SKU 在流水线上做出来是没有问题的，但是顺序会乱，所以要想把某个订单很快找出来是件非常困难的事。就像把一盘花生和一盘瓜子混在一起，需要很快地把花生和瓜子分开，就需要很快地找出某一粒瓜子。雷四海最初开始实施单件流水系统时，遇到过各种难题，为了不耽误发货，工厂里的工人整天到处找鞋子。经过一年的迭代，系统慢慢走上了正轨，而这个迭代的过程是一边有订单，一边摸索系统进行的，如果没有前端小批量订单实时发生，系统也无法优化迭代。

目前，这套管理系统已经能对接来自不同平台的小批量订单。这条柔性生产线已经做到了每天 800 双的产能，而这 800 双完全可以是 800 个不同的 SKU。这是以前做贴牌时不可想象的。以前做贴牌加工，生产线每天最多能做 400～500 个 SKU。现在这条柔性产线适配空间非常大，可以接几百双的小批量加工单，也可以接一个客户的一双鞋订单，还可以做大批量订单。小批量订单量如果增加，也可以依靠这套系统将工厂其他的大订单生产线切换过来，前端即使来5000个SKU，工厂也能完成。

（二）尚品宅配：高效率、低消耗的混线生产

对家具家装这个行业来说，定制似乎一直存在，用户买房、装修是大事，按照自己的需求和审美定制家装风格和家具、软装一直都有。在制造业改造坐标中，家装、家具这种"非标准程度高，单价也高"的行业是非常适合进行C2M模式改造的。

不过，对于家具行业来说，关键并不在于C端是否定制，而是M端如何大规模、高效率实现个性化生产。经过多年的进化，家具、家装行业在制造端的改造是非常值得其他行业借鉴的。

尚品宅配是一个比较典型的案例，创始人李连柱最初是开发销售软件的，在未进入家居定制市场之前，他的团队开发的圆方软件在家居行业里也颇具名气。尚品宅配创立前，家具生产还是比较传统的作坊模式，库存量大，资金周转慢，附加值较低。

一个有软件开发和互联网基因的团队进入家具行业，玩法完全不同。尚品宅配在C端推出了免费个性化家居设计和上门量尺服务，在后端实现了以智能化制造为基础的"按需定制"，完全按照消费者的需要进行设计生产。

通过网上订单管理系统、家具设计系统、条码应用系统、混合排产和生产过程控制系统，尚品宅配建立了大规模定制生产系统，用户的订单通过网上订单管理系统集中到制造中心总部后，计算机再把定制的家具拆分成各种规格的零部件，并以唯一的条形码与其对应，然后将条形码贴在用于生产的板件上，通过计算机智能排产进行批量生产，将个性化定制的商品融入大规模的标准化、批量化生产中，实现了低成本的个性化定制。

尚品宅配实现了单件小批量和大规模定制生产的完美结合，经过持续优化改进，综合材料利用率提高了6%，达到了93%，设备生产时间占比提高35%，单位面积产量提高50%，产品合格率提高了10%，不仅减少了单线设备数量，实现

了零库存生产，订单生产周期也从 12 天缩短到 5~7 天。

个性化定制在生产端一定要实现标准化的大规模生产才能降低成本，随着订单量的增长，成本逐步降低，这是企业在 C2M 模式下不断建立竞争优势的关键。

尚品宅配自己研发的智能拆单平台可以实现产品系列的信息化，直接调用参数化模型，各品类可定制的参数包括颜色（材料）、尺寸、功能、形状等。尤其在尺寸方面，很多企业只能在 50 毫米、100 毫米或者 150 毫米的范围内有条件地进行定制，但尚品宅配却能实现 1 毫米级的伸缩定制。只要修改产品的参数和各个产品的组合方式，可以得到不同结构、尺寸的虚拟家具模型并自动生成生产性文件。

在生产线上，尚品宅配最有价值的是混合排产系统，实现了混流生产。这是个性化定制在生产端实现规模化生产的关键。系统里将同样颜色的板材订单按批次、接部件进行混流生产，一般将 15~20 个订单定为一个批次。例如，某批订单中有 15 套衣柜、30 套电视柜、20 套厅柜、10 套储物柜，这些订单在系统里会被拆分成单独的部件，在流水线上批量生产。打个比方，切割同一块板材，最后生产出来的是来自不同的订单、不同产品的部件。

在尚品宅配的智能化生产车间，板材开料方案是与电子锯等生产设备无缝连接的，彻底替代了传统依靠人工计算输入的生产模式。这种方式全程由机器自动操作，操作简单并且非常精准，使板材利用率大大提高。

尚品宅配定制工厂的智能化程度已经达到了工业 4.0 的水平。这种升级迭代并不是一蹴而就的，而是需要前端大量用户需求数据的累积和后端系统不断的迭代升级方能实现。而后端生产效率的提升关键不是设备的先进性，而是订单数量，只有订单量足够大，后端工厂的效率才会更高。后端效率的提高直接带来了向前端用户交货期的缩短，可以更加精准、快速地满足用户的体验。

在广州，定制家具行业已经形成了聚集优势，如欧派、索菲亚、尚品宅配等上市公司都在加速建设智能工厂。智能工厂不仅是工业互联网在制造端的实现，更重要的是能高效、快速、规模化地实现 C 端每一个用户的需求。可以这么说，目前在中国的 C2M 模式实践中，家具、家装行业无论在前端用户服务还是后端智能制造方面，都是比较超前的行业。

三、重构式创新——大企业的工业 4.0 盛宴

从 C 端用户角度看，家电、数码类商品属于高单价的标准品，用户个性定制的需求不明显，并未成为大众的刚需，用户很少会主动想要去定制一件此类商品。原因有二：一是，家电、数码类产品，往往是由工程师来定义产品的，对普通人而言，这类产品在各种技术指标、制造参数等方面有很高的认知门槛；二是，品牌商在产品的新技术应用、更新换代和满足不同用户需求的不同型号上已经做了非常多的细分，用户的消费行为大多只停留在根据自己的需求来选择合适的产品。

对于家电或者电子产品而言，用户需求往往是被品牌商引领的，而用户被引导和唤醒的需求又不断推动品牌商推出新的产品，制造端不断升级制造出更加满足用户需求的新品。

正因如此，家电、手机等消费电子类产品往往是由大渠道，如，京东、阿里巴巴等这些平台发起的大规模定制，不是由用户发起的个性化定制。运作流程通常是由渠道通过线上大数据分析和用户洞察，识别出用户的关键需求，用关键需求对应到具体的商品数据，并用设计合理的价格匹配用户，通过在线预售等营销方式锁定用户订单，在工厂端快速生产出来并交付用户，这是目前比较成熟的方式。

不过，C2M 模式的意义并不仅仅是定制，在于更高效、更精准地满足用户的需求，通过工业互联网技术的应用，提升工厂的运营效率，减少或者消灭库存。在这个领域最有代表性的制造企业是那些进入"灯塔工厂"名单的企业。

在中国的"灯塔工厂"名单中，我们可以发现，这些企业大多集中在汽车和家电领域，而入选的工厂往往是由大企业从无到有投资兴建的全新工厂，很少有在原有基础上进行改造的。海尔互联网工厂就是其中的典型，而阿里巴巴的犀牛工厂可以算是服装制造领域的"异类"。

（一）"海尔们"的智能工厂探索

海尔在消费者的认知中是一个涵盖了各种生活家电的品牌。在后端，海尔是一家拥有强大研发能力和制造工厂垂直一体化的企业。海尔的变革从十几年前就开始了，前端从满足消费者的个性化需求出发，后端工厂进行智能工厂的建设，

形成了清晰的工业互联网模式。

对海尔这样一个庞大的家电集团，变革往往是系统的，要研究海尔工厂的蝶变，就要从它变革的战略思想开始。作者认为，海尔在M端的改造秉持的思想是非常互联网化的，那就是"用户思维"。

"用户思维"看上去很好理解，但怎样才能在一个庞大的制造体系里去实现，怎样才能将其从理念层落到业务层呢？

首先要改变的是从需求到工厂的流程，原先这个流程是"串联"模式，即先有研发，然后做市场调研，再到供应商，由供应商发给工厂，最后到物流和售后。要想更高效地响应用户的需求，就要把这个流程改成"并联"模式，也就是用户的需求要同时到达研发，供应商、工厂这些端口，大家同时从不同角度来响应。

另外，要在制造工厂里高效实现前端用户的个性化，就需要将流程也数字化。以冰箱产品为例，用户想要定制最多的是冰箱门，有的用户想要钣金材质的，有的想要玻璃材质的，还有的用户想把个性化的图案印在门上。在传统的制造流水线上，如果用人工去区分和装配这么多种类的产品，效率是非常低的。海尔互联网工厂采取了FRID（射频识别系统）、二维码等技术，将每个用户的每个产品，甚至是每个零件都数字化，使生产线上不同用户的产品不同的零部件会自动匹配，不需要人工区分型号，这样的流水线技术可以实现柔性化精准匹配，可以生产的型号扩展到了几百种。

在对用户的不断洞察中，海尔总结出用户定制需求的三个层次：第一是模块化的定制，包括基本的模块和可变的模块，用户根据不同的模块付费；第二是众创定制，在天猫、京东等大型平台上，集合用户的需求或者设计师资源，在调研和设计上节约了成本；第三是真正单个用户的个性化定制，这种需求是极小的。例如，洗衣机的外观通常是方形的，很少有人会想要一个圆形的洗衣机。正是基于这种认知，海尔确定了最大限度地满足用户需求的可定制范畴。

在海尔的线上旗舰店，无论是天猫还是京东，我们都会发现海尔并未在店铺显著位置推广可定制选项，但海尔会与平台方紧密合作，参与京东、天猫的大规模定制中去。平台的规模定制实际上是对用户的需求和行为进行深度洞察后产生的数据，将这些数据同步到海尔，由海尔快速生产出产品，再借助平台方快速精准地销售给用户，实现从需求到购买的完整闭环，实际上是高效、精准地满足了用户的定制需求。

在线下智家体验店，海尔也并未强调单件家电产品的定制，而是给用户提供了整个家庭的智能家电解决方案。用户不仅可以根据家中户型和装修风格在海尔定制专属的智能家电方案，还可以实现整个家庭家电联网，实现智能控制。在海尔智家体验店可以看到，通过一台 AI（人工智能）音箱，我们可以控制空调、电视、冰箱、洗衣机，甚至是扫地机器人等家庭所有电器。冰箱自带智慧屏幕，可以显示冰箱中所有的食材、哪些食材即将过保质期，也能根据冰箱里的食材显示菜谱，帮助用户烹饪，最重要的是冰箱的语音功能还能操控其他厨房电器，如，烤箱、烟机等。

那么，海尔的互联网工厂为什么符合 C2M 模式的逻辑呢？首先，用户可以参与商品制造的全流程，并实现体验可视化。其次，用户的需求可以快速到达制造端并形成从 C 端到 M 端再到 C 端的完整闭环。最后，海尔可以实现规模定制化生产。

可定制化和互联网工厂的生产是为了用户生产，将用户需求与研发紧密结合，这使得企业的效率得以大大提升。相对传统工厂，海尔的互联网工厂整体效率提升了 20%，产品开发周期缩短 20% 以上，运营成本也降低了 20%，厂内库存天数下降 50%，交货周期从 21 天缩短到 10 天。

（二）犀牛智造：阿里巴巴的"智造"操作系统

2020 年 9 月，阿里巴巴发布犀牛智造，引发了业界的广泛关注。阿里巴巴作为一家互联网巨头，既不差钱，也不差人才，但自己真正躬身入局，操刀干制造，却引发了行业震动。在"五新"战略中，盒马鲜生看作为新零售的典型代表，毕竟还属于零售的范畴，与阿里巴巴原有的业务一脉相承，但是"制造"对阿里巴巴体系而言完全是跨领域的。

从服装这个行业来看，工厂似乎更适合进行渐进式改造，阿里巴巴完全可以找一家工厂合作或者收购一家工厂，再对工厂进行升级改造，但犀牛智造的方式却是平地拔楼，从无到有。

很多小企业在这样的情况下不得不做出选择，而巨头的思路则是"我全都要"。实际上，自从在 2016 年提出新制造的概念，阿里巴巴内部就有很多涉及新制造的项目在同时运作，只不过犀牛智造是完全从零开始的那一个。

我们可以从需求驱动、技术实现和未来的可扩展性三个角度来解读这头"犀牛"。

如今年轻一代用户的消费需求发生了很大变化，需求更加多元化和碎片化，消费者对大品牌的忠诚度在下降，品牌去中心化趋势越发明显。那些在淘宝、天猫上"跑"出来的小众品牌和网红品牌都有一个共同特征，就是推新速度非常快，传统品牌一年可能最多有 8 次上新，但是这些小众品牌和网红品牌可能每周都在上新。

快节奏的上新和补货需求与传统不够灵活的服装制造业供给形成了巨大的矛盾。小卖家的利益点在于尽量少下订单、少压库存，但是工厂往往满足不了这个需求。如淘宝知名主播曾想定制一批星座 T 恤时遇到的难题：12 个星座，不同的颜色、不同的尺码，总共生产 5000 件，但是市面上几乎找不到能接这个单的工厂。

还有一种情况也是对工厂的挑战，就是短时间内海量订单的涌入。例如，淘宝主播直播卖货，一件服装单品 5 分钟就卖掉了十几万件，但主播可能只有 3 万件的备货，剩下的十几万件怎么才能又快又好地交付给消费者？这种脉冲式的订单对传统工厂的产能而言也是巨大的挑战。

面对这两种情形，犀牛工厂的解决方案用一句话总结就是：数据驱动下的规模化柔性制造。

要想实现数据驱动，第一个关键的要解决设备之间数据的互联互通。在一个制造企业，数据产生于人、设备、物料、流水线等所有的参与角色和流程。犀牛智造在采购设备时就向供应商提出了"开放数据"的要求。例如，工厂里最重要的设备是缝纫机，也是生产线上最重要的数据中心，缝纫机的起停时间、断线操作等数据都会被记录下来。犀牛工厂缝纫机的供应商是日本重机，对方开始并不愿意对工厂开放数据接口，但犀牛经过多次反复谈判终于使对方同意开放数据接口。除此之外，自动裁床、机械臂、吊挂系统等上百种设备均向犀牛开放了数据接口。

据可靠消息，犀牛智造可能是唯一能拿到所有设备开放数据接口的服装制造工厂。工业互联网是未来的趋势，而能将工业互联网和消费互联网打通的企业不多，阿里巴巴手握最大的消费互联网，拥有海量的服装消费数据。犀牛智造虽然面世时间不长，但也最有可能形成一个巨大服装制造的柔性生态。所以我们可以做一个大胆的假设，对于服装制造的设备商来说，他们也看到了未来制造业走向工业互联网的趋势，要想参与到这个未来的柔性制造生态中还不被排除在外，数据打通是必需的。

设备数据接口开放还远远不够，犀牛团队的工程师花了两年时间开发系统，打通了所有设备的 IoT（Internet of Things，物联网）数据，在犀牛工厂真正实现了物联网。

第二个关键是人的数据化，准确地说，是工人技能的数据化，每个工人是什么工种、技术水平在什么级别、曾经做过什么工序、某个工序做过多少件等，这些在系统里都有明确的数据。从每个工人进入犀牛工厂工作的第一天起，他所有工作的历史数据，无论是数量还是质量都会在系统里保留，有据可查，这也是 AI 智能系统给工人分配工作的依据。

第三个关键是面辅料的数据化，所有进入犀牛工厂的面辅料都已经被数据化，对应唯一的身份 ID。在犀牛工厂的一层材料立体仓里可以看到，成卷的面料码放在立体仓的货架上，每卷面料对应唯一的货架位置，以保证客户订单和面料的精准匹配。

犀牛智造相对传统服装制造工厂完成了跨代进化。在犀牛工厂里，每一块面料，每个辅料都有一个身份 ID，每一台设备又有自己的智能系统，每一个订单从进厂、裁剪、缝制、整烫到包装都能实现全链路跟踪。在生产线上，生产排期、产前排位、适时产中排位、吊挂线路都由 AI 智能系统做决策。

在犀牛未来的蓝图中，不断地扩建工厂应该不是其主要的扩张方式，作者猜测，输出"系统"应该是未来犀牛扩张的主要方式。这里所说的输出系统不是卖软件，而是将更多的合作伙伴纳入整个犀牛智造平台，形成一个类似阿里巴巴平台的物联网平台。

犀牛智造正在成为中国服装制造的标杆，作者认为，也只有阿里体系才能长出这只"犀牛"。在阿里巴巴的新制造团队中，60%的成员从事技术开发工作，拥有顶尖的工程师团队，在边缘计算、机器学习、图像识别等技术领域都有着核心的技术优势，投入就更不用说了，资金充足的阿里巴巴对犀牛智造的投资显然不会要求短期回报。这一点可以从犀牛工厂开始建立就是最高配置中便可见端倪。

犀牛智造的先天优势是阿里生态，从一开始就不存在产销平衡的问题。任何技术体系、智能生产系统都不可能一下就开发出一个完善的版本，而是需要在生产实践中不断迭代。犀牛工厂不是供应链改造的实践者，没有订单就无法跑通系统。犀牛工厂有现成的需求供给。三年来，有 200 个淘宝卖家在犀牛工厂下过订单。这些品牌不同、单量不同、需求各异的订单，怎么能在犀牛工厂又快又好地交付呢？在服务客户的真实需求过程中，犀牛的智造体系完成快速迭代，在实战中练兵的效果要远远好于模拟演习。

照这样的趋势看来，犀牛智造的边界会迅速扩张，但也并不会是一马平川。产业互联网并不是一个企业或一个平台的事，会受制于产业上下游的进化速度。举个简单的例子，犀牛工厂理论上是可以覆盖所有服装品类的，但是整个工厂的硬件参数和人员配置依据是面料和工艺，然而在整个纺织行业，面料是没有标准的，同样成分和颜色的面料，上游供应商的叫法可能完全不同。这就使只有进入犀牛仓库的面料才能被定义和数据化，也使犀牛只能在服装加工这个环节实现柔性化和去库存化，要想影响上游供应链，还有很长的路要走。

四、C2M 模式下的未来工厂

近年来，智能制造、产业互联网、工业互联网等关于制造业改造的话题越来越火，概念虽然各异，实际上殊途同归，就像马云说的："工厂从能接 1000 件订单到能接 1 件订单的转变，并不是以提升成本为代价。这就是大规模定制化生产的未来，也是中国制造业供给侧改革所追求的结果。"

这种变化的推动力在于用户端，因为用户的需求越来越多元，越来越个性化，而工厂必须要用规模化、标准化的方法去满足这些需求。因此，C2M 模式可以被看作制造业追求的终极模式。

无论服装、家电还是家具，在 C2M 模式下，工厂都会越来越接近用户，越来越"看见"用户。当服务的对象从客户变成用户，柔性化制造将是未来工厂的标配。作者预测，未来不再会有只生产大订单的工厂，即使是主要生产大订单的工厂也会开辟柔性制造的生产线，如今，许多外贸制造工厂已经是这种模式了。

完全不同于传统制造工厂的新"物种"也在产生，如前文所述的犀牛智造工厂。在这场制造端的改造运动中，以下部分可能会发生改变，这也是制造企业需要格外注意的部分。

首先，改造供应链只是"术"的层面改造，"道"的层面，即生产管理、企业文化的改变更加重要。

有这么一个真实的故事，考拉工厂店在大张旗鼓地发展过程中引发了传统制造企业的关注，考拉工厂店创始团队成员之一的琳达（Linda）结识了许多传统制造业创始人。有一次，一位老板找到琳达希望对接考拉工厂店，让公司也能开辟互联网渠道。琳达便帮忙对接了考拉工厂店负责运营的同事，第一次视频会议时这个老板便缺席了，原因是要请客户吃饭，这种事并非少见。还有一个现象，如我们去参观制造企业，会发现很多制造企业老板的办公室都巨大无比，装修豪华。反观互联网公司，美团创始人王兴以及众多高管直到公司上市都没有自己的独立办公室，相传字节跳动的创始人张一鸣由于使用会议室超时，照样被别的同事从会议室赶出来。

这些故事都充分说明了传统制造企业的文化往往是客户文化、产品文化，因为是客户文化，所以格外注重来自客户的看法和评价。而互联网公司核心是用户，他们只关注来自广大用户的需求和变化。这种不同的企业文化在管理上就会呈现出不同的方式和方法。例如，制造企业的管理往往特别强调自上而下的管理模式，领导的权威不可动摇；而以用户为核心的公司常常会呈现出自下而上的管理模式创新，例如，互联网公司里很多新产品都来自小团队的探索和试验。

制造企业要更多地面对用户时，需要的能力是完全不同的，许多制造企业的老板没有能力洞察用户，也不愿意花心思在用户身上。

当市场的变化将 C2M 模式这种机会和大势推到企业面前，制造企业不得不去重构供应链、重塑企业文化，前者是"术"，而后者是"道"。就是说，"术"的部分可以花钱解决，但"道"的部分并不是花钱就能解决的。

犀牛工厂的出现让许多传统制造企业倍感压力，实际上，犀牛工厂的优势并不在于制造能力本身，而在于它比传统制造企业有着更强的用户洞察能力和渠道。笔者并不认为犀牛工厂能"干掉"传统的中国制造工厂，但传统的制造企业是时候加强用户思维，学习怎么样从客户文化转变成用户文化，改变底层逻辑了。

另外，如前文所述，在C2M模式下，柔性生产会成为制造企业的标配。这就意味着，在工厂中，机器、人、物料这三大制造要素要在原先的大规模生产的组织方式下进行重构，无论是流水线的形态，还是工人的在岗方式都要发生变化，一切都要围绕着用户多元化、零散的需求而发生，这就需要制造企业在管理革新上下功夫。

红领创始人张代理从最初推进工厂定制化改造的同时就开始了管理上的创新，在红领的厂房中，不再有传统的车间主任、厂长、组长等，员工实现了自我管理，在不同节点上的劳动获得不同节点上的工资，在多劳多得的激励下提升工作的积极性。而张代理推动的所谓全员在线工作，核心就是建立全员目标，实现高效协同，以治理取代管理，以自治取代人治。这在工厂的管理中是非常超前的做法。

未来，制造企业更像一台智能化的3D打印机，输入的是用户需求，输出的是满足用户需求的产品。这台智能化3D打印机的系统是由硬件、软件、工人（机器人）组成的一个立体系统。如果把工厂看成一个系统，迭代能力和进化速度就决定了一个制造商的生存能力。

针对这一方面，制造企业需要向互联网学习迭代思维，加快自身互联网化的转变进程。

在互联网企业中，很多产品并非等待开发完善之后再上线，而是有了测试版就会上线。上线之后，在与用户的互动中，再不断优化和迭代版本，这个迭代速度和能力决定了这个产品的生命力。这也是符合生物进化的丛林法则，在生物界中，那些进化速度快的物种往往会站上食物链的顶端，而那些进化速度慢的物种将会被淘汰。

互联网应用迭代往往相对容易，甚至仅仅是工程师的工作，对制造业的管理者来说，应该将制造企业看作一个综合了人、设备、产品的系统，需要的是体系化的迭代。这比单纯的产品迭代要艰难和复杂得多，但是一旦拥有了系统迭代的思维和底层能力，那么对制造企业来讲，将是质的飞跃。

在大的用户需求和趋势变革的背景下，制造企业的迭代思维是将整个工厂看成一个系统，既不是推翻重来，也不是裹足不前，而是可以从局部到全局，将迭代变成一个渐进的、持续的过程，这将是制造商未来要面对的最大改变。

第五章　电子商务的电子营销创新

本章为电子商务的电子营销创新，共包含七节，第一节为搜索引擎营销，第二节为网络广告营销，第三节为电子邮件营销，第四节为微博营销，第五节为微信营销，第六节为短视频营销，第七节为直播营销。

第一节　搜索引擎营销

一、搜索引擎营销的定义

搜索引擎营销（Search Engine Marketing），英文缩写 SEM，是基于用户对搜索引擎的使用模式，借助用户对信息检索的契机，尽量向目标用户传达营销信息。通俗来讲，搜索引擎营销是以搜索引擎为平台，借助人们对搜索引擎的依赖性和使用习惯，在人们进行信息检索时将营销信息传递到目标客户手中。这种以互联网作为载体的网络营销形式，在国外已经得到了非常广泛的应用，而在国内却处在起步阶段。随着网络技术的发展与完善，搜索引擎广告逐渐成为一种重要的网络营销手段，越来越受到企业重视，广泛应用于各个领域，效果显著。搜索引擎营销的基本思路就是使用户能找到信息并且通过点击访问网站或者网页来对所需的信息有更进一步的认识。搜索引擎营销所追求的性价比是：投入最少、从搜索引擎获得最多访问量、创造更多的商业价值。

二、搜索引擎营销的目标层次

搜索引擎营销的目标层次包括存在层、表现层、关注层和转化层。

（一）存在层

存在层是指在主要的搜索引擎分类目录中获得被收录的机会，这是搜索引擎营销的基础。存在层的意义就是让网站尽可能多的网页被搜索引擎收录，即增加网页在搜索引擎中的可见性。

（二）表现层

表现层是指不仅要被主要搜索引擎收录，还要排在比较靠前的位置。搜索引擎是用户获取信息的一个重要渠道，用户在搜索引擎上输入关键字，可以得到相应的页面信息排序，进而选择自己想要浏览的网页。搜索引擎会根据不同的类别进行分类检索，如，新闻类、娱乐类等，这样用户容易查找到自己所需要的信息。使用主要关键词进行检索时，若该站点在检索结果中的位置比较靠后，则需要利用关键词广告、竞价广告等形式作为补充手段来获得靠前位置。

（三）关注层

关注层是指提高网站的访问量。想要实现这一目标，需要从整体上对网站进行优化设计。

（四）转化层

转化层是指能实现网站的最终收益。转化层是前面三个目标层次的进一步提升，在搜索引擎营销中属于战略层次的目标。

三、搜索引擎营销的创新形式

（一）搜索引擎登录

搜索引擎登录是指企业将自己的网站向搜索引擎提交，若符合搜索引擎收录标准，将会被搜索引擎自动收录。如图 5-1-1 所示，为百度提交入口。

图 5-1-1 百度提交入口

（二）搜索引擎优化

搜索引擎优化是指为提高网站流量、提升网站销售和品牌建设，遵循搜索引擎自然排名机制，对网站内部和外部的调整优化，使关键词在搜索引擎中自然排名靠前的过程。

（三）竞价排名

所谓竞价排名是网站在搜索引擎中以付费方式取得名次，支付费用越高，名次越靠前，使用 CPC 的方式计费（以点击收费，Cost Per Click）。通过对每一次点击进行价格调整来控制在具体关键字搜索结果上的排序，并且可通过设置不同关键词来抓取不同种类的目标访问者。竞价排名已经成为互联网上最流行、应用最广的广告形式之一，也是最有效的网络营销手段和工具，已渗透到人们生活的方方面面。在国内，竞价排名的发展历史很短，但发展速度很快，前景广阔，值得关注。竞价排名以百度推广为典型。

（四）关键词广告

关键词广告是指显示在搜索结果页面的网站链接广告，按点击次数收取广告费，即采用 CPC 计费方式。

第二节　网络广告营销

一、网络广告概述

（一）网络广告的定义

网络广告作为信息社会的产物，数字化特征是与生俱来的。由于网络广告多在万维网上发布，并以网页为载体，因此网络广告又被称为 Net AD（Network Advertisement 或 Internet Advertising）。

网络广告也有广义和狭义之分。在广义上讲，网络广告包括企业在互联网上发布的一切形式的信息，如企业的商品信息和企业自身的域名、网站等。从狭义上讲，网络广告是指利用国际互联网这种载体发布的营利性的商业广告。网络广告是指商品经营者或服务提供者承担成本，以互联网作为传播媒介发布，属于拥有文字、声音、图像、动画等多媒体要素的传播，可以被上网者所视听并能交互式运行的一种商业信息传播形式。随着网络技术和电子商务的迅速发展，网络广告作为一种新的广告模式，越来越受到人们的关注。目前学术界对网络广告的定义很多，主要分为广义上的网络广告与狭义上的网络广告。通常所说的网络广告都是狭义网络广告的总称。

（二）网络广告的特点

网络广告采用多媒体技术，提供文字、声音、图像等综合性的信息服务，不仅能做到图文并茂，而且可以双向交流，使信息准确、快速、高效地传达给每一位用户。因此，与传统媒体相比，网络广告的特点主要表现在以下几个方面：

1. 广泛的传播范围

除互联网，无论哪种媒体都受到域的限制——报纸受发行区域限制、广播电视受频道覆盖范围限制。网络广告采用数字视频、音频、图片、动画、文字等数字信息技术，通过电脑显示屏（或其他电子显示设备）播放。这种数字化的广告信息形式丰富、容量大、表现力强，可以充分吸收电视、报刊等广告的艺术优势，如，电子报刊、电子杂志、网上电视、网上广播。只要有条件上网，就能让任何人随时随地接触到广告信息，这是别的广告媒体所不能做到的。

2. 丰富多样的广告形式

网络广告是以高速信息通信和多媒体技术为基础的，使用多媒体、超文本格式文件、Java 语言，创造出图像、文字、声音、影像等多种形式，将产品的形状、用途、使用方法、价格、购买方法等信息展示在用户面前。

网络广告在尺寸上分为旗帜广告、按钮广告、巨型广告等；在技术上还可以采用动画、游戏等方式；在形式上可以表现为在线收听收看、试用、调查等。网络广告可以吸收各种传统媒体形式的精华，先进的技术手段和多样化的表现形式为广告创意提供了更为广阔的空间，从而达到传统媒体广告无法具有的效果，而且随着科学技术的发展，网络广告的形式将越来越复杂多样，这些都为网络广告吸引消费者的注意力、激发他们的购买欲望奠定了坚实的基础。

3. 清晰准确的定位和分类

与传统广告铺天盖地却收效甚微的单向传播模式相比，网络广告最大的特点就是能对广告对象进行精确的定向和分类。网络广告不仅可以面对所有互联网用户，还可以根据受众用户确定广告目标市场。并通过电子商务推荐系统，把用户感兴趣的、相关度高的产品一起推荐给目标受众，以增加企业网站或广告的黏性。这样就可以通过互联网，根据目标受众的需求，在适当的时候把适当的信息发送给适当的人，实现广告的定向，真正实现"一对一"的"软性"传播方式。

4. 灵活互动的信息传递

网络广告的信息传递有灵活的互动性，网络广告的互动性是人们通过广告信息和广告主页之间产生互动，从而不同程度地参与到广告活动中。

网络广告灵活互动的信息传递方式，改变了传统媒体广告的单向性弊端，使广告信息的发布者和接受者之间可以及时沟通。在互动过程中，广告受众可以自主选择和访问广告站点，向广告主询问广告内容，提出自己的意见，说明未满足的要求；广告主页则可以按照客户的要求对广告信息和产品服务进行补充和调整，更有效地满足顾客需求，从而实现企业的营销目标，实现以消费者为导向的营销方式。

(三)网络广告的发展趋势

1. 网络广告与传统广告相互结合

网络视频广告作为结合了互联网广告和传统广告优势的典型代表,利用先进的数码技术,把传统视频广告整合到网络上,不再插播广告到视频当中,而是将做成独立的视频,使网络视频广告更加形象活泼,感官性更加丰富,易于打动受众,同时用户可以自己控制网络视频广告的播放。网络视频广告已经成为一种流行的广告类型,并逐渐向娱乐化方向发展。网络视频广告以其独特的表现形式吸引着众多网民的眼球。网络视频广告有很强的互动性、娱乐性等特点,并且广告播放方式多样、内容形式多样、创意层出不穷、成本低、传播范围广。一般这类广告趣味性较强,在一定程度上会削弱商业气息,增加艺术元素和搞笑情节等,减少网民因广告而产生的厌恶情绪,让人们开始积极观看这类广告。可预见的是,网络视频广告在技术成熟的情况下,市场会越来越大,表现形式会越来越多。在当今互联网广告充斥、民众普遍产生厌恶和不信任心理的背景下,迫切需要创新的广告形式,所以将互联网广告和传统广告结合起来,不断地推出新形式广告,将成为未来互联网广告发展的主要潮流。

2. 更能满足用户需求

广告商会依据用户自身的不同需求进行选择性投放,而不会像以前一样一味地将全部广告都投放给大家,这样做既减少了网民对广告的厌恶情绪,又实现了精准定向投放。

目前网络广告以在线广告和实时竞价广告模式为主。为满足广告商对广告的要求,让所需人群更好地观看广告并实现更好的传播和推广,在线广告应运而生。用户上网了,肯定就留下了浏览的痕迹,而在线广告是通过跟踪用户在线行为来记录用户浏览过的内容,当用户事后浏览别的页面时,将用户以前浏览过的内容或者与其有关的内容展示到页面中,实现了为有需求的用户发布定向广告的目的,这将使广告充分发挥应有的作用。而实时竞价广告是将用户所选择的广告推送给用户。这种方式可以有效减少用户的等待时间,同时也能提高广告投放效率,节省人力物力。在线广告可以说是一种全新的广告表现形式。

3. 实时竞价广告模式

实时竞价广告模式是采用跟踪用户浏览轨迹的方式，由相关企业跟踪分析用户浏览轨迹，以此预测、判断出用户的性别、兴趣爱好、年龄段和购买方向等部分信息，进而构建数据模型，最后在平台中发布准确的用户信息，需要针对特定类型用户发布广告的商户都会参与竞价。通过这种方式，广告商可以精准地找到目标人群，从而达到快速有效地向潜在消费者推送产品或者服务的目的；同时，广告商还能了解到潜在客户的需求情况以及消费习惯等。广告商依据广告所需受众对用户进行筛选，在浏览网页中投放广告，使自身无须耗费太多人力和财力与媒体交流，只需参加竞价即可，竞价较高者即有资格为此类用户投放。这样广告商能击中潜在用户的概率会大大增加，减少资源浪费又避免因广告泛滥而导致人们的不满。比如，2016年阿里巴巴以"天猫推荐大赛"为主题的首届大数据竞赛。参赛者依据阿里巴巴所提供的使用者过去的浏览记录，预测判断使用者的品牌偏好，进而为使用者推荐物品。2016年的"双十一"期间，每一位用户都会点击天猫页面，虽然每个人的页面看起来相同，但不同的参赛者，为不同的用户推荐的物品也有所区分，比赛的结果也会依据不同算法的销售量来确定。

4. 互动广告将成为主流

互动性是网络的显著特征，是互动广告和传统广告不同的最大优点，今后网络广告更加趋向于充分发挥网络互动性。只要受众对某个广告有兴趣，点进去便能知道更加细致和全面的资讯，还能通过网络进行选购，如今多表现为电商形式。但由于当前计算机技术，互动性并未被充分挖掘出来，用户也未能真正获得全方位体验。研究发现，互动广告可以很好地满足受众的需求。今后随着科技地进步，互动性将随之变成更全面、更有真正意义的双向互动，互动广告将逐步成为一种主流。

二、网络广告营销的创新方式

当受众对网络广告看法发生改变时，网络广告也开始不断革新。当前，已经实现了实实在在的产品促销和品牌推广，主要在以下几个方面有所创新：

（一）网络广告技术创新

技术创新主要集中在广告网页流畅原则上。随着互联网时代的到来，传统媒体广告发生了巨大的变化，网络广告以独特优势得到迅速推广和应用。网络广告同样面临着一些亟待解决的难题：流量瓶颈、用户体验差等。即便当今时代网络飞速发展，网络带宽也是捉襟见肘。网络广告已充分考虑到不同网络的传输能力，对广告设计也采取了简明而精确的准则，以免信息量太大导致网页下载缓慢，受众尚未看完广告就切换了页面，或者广告页面等待时间太长，受众不耐等待关掉页面，致使最后无法达到预期的效果。目前，这种革新主要集中在 FLASH（网页动画设计软件）、各种视频压缩技术等方面。

（二）网络广告策略创新

策略创新主要集中在广告和受众互动性原则上。使网络广告由简单硬广告向软件 PR（视频编辑软件）炒作转变，由简单品牌广告向互动活动创意转变，增强互动优势。本书在此基础上对互动模式进行分类和比较，并探索提出网络广告投放应该注意的问题和解决方法，主要集中在以下几个方面：

第一，提供各种测验、竞猜和其他娱乐性的活动，不是把广告内容直接表现出来，而是把它们纳入活动内容中去，或者以商品作为活动报酬吸引受众，以增强广告的娱乐性和实际性，减轻受众的抵触心理，增强受众参与热情。

第二，用人情味十足的广告创意让受众产生共鸣，进而领略品牌精神内涵和产品设计理念。当今广告更多地是想打动受众，冲淡商业色彩，页面非常干净整洁，多以叙事文章、图片故事或者视频短片等形式来做宣传，在受众欣赏文字、电影之余植入商品及品牌等概念，这样的广告更具亲和力与传播力。而在网络技术高速发展的今天，上网已经成为人们日常生活中不可或缺的一部分。网络为广告提供了一个广阔的展示空间，也给广告商带来了新的挑战。广告形式发生着巨大的变化，表现形式更加丰富多彩、传播方式多样化、互动交流增多、信息传播快捷、信息量大。特别是在各种论坛、博客、微博的蓬勃发展下，网络广告传播者已由单一广告商向广告商起头、受众互传和平台广传混合模式转变。

总之，网络广告所扮演的角色目的并非是彻底替代传统媒体，而是和传统媒体相结合，从而更有效地发挥作用。相对电视广告具有的压迫力和报纸广告具有的高曝光度，网络广告更加侧重逐步构建与受众和消费者紧密互动的关系。在互联网技术飞速发展的今天，网络已经成为现代社会信息传递的主要方式之一，对人们的生活产生了重要影响。网络广告作为一种新兴事物，正在以独特的魅力逐步走入大众视野。越来越多的公司在大力发展电子商务时，越来越注重网络广告的同步拓展，通过创建企业网站、植入更有创新意义的网络广告、增强品牌影响力、强化企业服务等方式来实现和受众之间真正意义上的互赢。

第三节　电子邮件营销

一、电子邮件营销的定义

电子邮件营销（E-mail Direct Marketing，EDM）是在用户事先许可的情况下进行的，以电子邮件形式将价值信息传送给目标用户的网络营销手段。

电子邮件营销三要素分别是用户授权、通过电子邮件进行信息传递和信息对于用户来说具有价值。

二、电子邮件营销的分类

（一）以电子邮件营销的功能为分类标准

以电子邮件营销的功能为分类标准，可将电子邮件营销分为顾客关系电子邮件营销、顾客服务电子邮件营销、在线调查电子邮件营销和产品促销电子邮件营销等。

（二）以电子邮件地址的所有权为分类标准

以电子邮件地址的所有权为分类标准，可将电子邮件营销分为内部电子邮件营销和外部电子邮件营销，或称内部列表和外部列表。

内部列表是指利用网站的注册用户资料开展电子邮件营销。

外部列表是指利用专业服务商的用户电子邮件地址来开展电子邮件营销。

（三）电子邮件营销的三大基础

开展电子邮件营销会面临三个基本问题，包括向哪些用户发送电子邮件、发送什么内容的电子邮件和如何发送这些电子邮件。这三个基本问题可被归纳为电子邮件营销的三大基础，即技术基础、资源基础和内容基础。

1. 技术基础

从技术层面确保用户可以流畅加入、退出邮件列表以及实现用户资料管理、发送邮件和效果跟踪等功能。

2. 资源基础

在保证用户是主动进入邮件列表的条件下，获取充足的用户电子邮件地址资源是电子邮件营销作用可以发挥作用的必要条件。

3. 内容基础

电子邮件的内容必须对用户有价值才能引起用户的关注，因此，电子邮件营销应注意在提供有价值信息的前提下才可附带一定数量的商业广告。

（四）电子邮件营销的评价指标

1. 退信率

退信率是指没有送达的邮件所占的比例。退信率是评价列表质量的一个重要指标。

2. 开信率

开信率也被称为浏览率，是指用户在收到信件后打开阅览的比例。

3. 点击率

点击率是指用户收到信件后点击其中的链接进入广告主要指定网页的比例。

4. 新顾客获得率

新顾客获得率是指收到信件的用户转化为公司新顾客的比率。该比率可被用来评价列表的质量和促销效果。

5. 退订率

退订率是指用户收到了邮件但是要求退订的比率。该比率可被用来评价营销信息的质量和发送的频率是否恰当。正常的退订率应该在1%以下。

第四节　微博营销

微博是建立在用户关系基础上的信息分享、发布和获取的平台，通过 WEB（全球广域网）、WAP（无线应用协议）及各类客户端组件等个人社区，用户能用约 140 个单词进行信息更新和即时共享。

最早也是最著名的微博是 2006 年 3 月 21 日建立于美国加州旧金山的推特，我国首先推出微博服务的门户网站是新浪，新浪微博成立于 2009 年 8 月 14 日。

一、微博营销的定义

微博营销就是以微博为营销平台实行营销活动或手段，每个粉丝都有可能成为潜在的客户，商家通过不断更新微博，发布商家和产品信息，让粉丝们都能及时了解品牌商品动态，有利于塑造企业和产品的良好形象，增强营销效果。

二、微博营销的优点

（一）操作简单，信息发布便捷

在微博上，人们以 140 字左右的文字更新信息，可以即时分享，随时随地发现的新鲜事。

（二）互动性强

微博营销能通过筹划互动活动和粉丝进行即时的双向沟通来获取反馈信息。

（三）低成本

微博营销中最常使用的方式就是"关注＋转发"抽奖，这是增加粉丝量与关注量最有效的方法之一，以转发来传播信息的营销模式不仅效果好，而且营销费用实际上十分有限，成本也比较低。

（四）针对性强

只有关注微博的粉丝，才可以接收到微博最新发布的信息，从而使信息展示在目标受众面前。

三、微博营销的缺点

（一）积累粉丝数量难

要想增强传播效果，就必须拥有足够的粉丝数量，而人气正是微博营销之根本。

（二）信息需要及时更新

因为微博上内容更新太快，发布的产品讯息一旦得不到粉丝的及时关注，极有可能被其他海量的资讯所淹没。

（三）传播力是有限的

微博营销中的资讯只限于在资讯所处平台上传播，很难像博客文章一样得到大量的转载。

第五节 微信营销

一、微信

微信是腾讯公司在 2011 年 1 月 21 日发布的一款免费使用的智能终端即时通信应用。微信以强大的社交网络功能吸引了越来越多的网民参与其中。随着用户数量的不断增加，微信在社会生活中扮演的角色也变得日益重要。如今微信已经成为一种不可缺少的信息交流平台，庞大的用户群体使微信具备了巨大的发展潜力。微信还为用户提供了公众平台，如朋友圈及消息推送功能；用户还能通过"摇一摇""搜索号码""附近的人""扫一扫"等加好友以及关注公众号平台，还能与好友和微信朋友圈进行内容共享。

二、微信营销

微信营销是区域定位营销，通过安卓系统或苹果系统的手机和电脑上的移动客户端实行各种营销推广。商户借助微信公众号来展示品牌的官网、进行会员专属推送及其他宣传活动，形成了一种线上与线下微信交互营销模式。

（一）微信营销的特点

1. 点对点精准营销

微信用户群广泛，微信在移动终端有天然社交、位置定位等功能，一般消息均可通过平台进行推送，使每一位微信用户都有机会收到这条消息，进而助力商户进行点对点的精准化营销。

2. 形式灵活多样

企业开展微信营销时，可采用包括漂流瓶、位置签名、二维码、开放平台和公众平台在内的多种形式，提升宣传推广效果。

3. 强关系的机遇

微信点对点的产品形态，注定它能以互动方式把普通关系演变为强关系，进而创造出更多价值。

（二）微信营销的形式

1. 漂流瓶

用户可以将一段语音或文字装进"瓶子"里，投入互联网的大海，被别的用户"捞"起来了就能得到回复，开始陌生人之间的缘分交谈。例如，招商银行就曾发起"爱心漂流瓶"的互动活动。

2. 位置签名

商户可使用免费广告位"用户签名档"进行推广宣传，周边微信用户在查看商户信息，就能看到用户的签名档内容。

3. 二维码

用户可扫描识别商户的二维码添加商户为好友，并且关注商家的企业账号，公司则可为品牌设置二维码，以折扣、优惠券的方式引起用户的注意，积极推行O2O营销模式。

4. 开放平台

应用开发者可以通过微信开放平台访问第三方应用，也可以在微信附件栏内放置自己的logo（企业标志），便于用户在会话时调用第三方应用来选择和共享内容。应用开发者可通过微信公众号将应用推送给其他有需要的人使用，并获得一定数量的收益。同时，应用开发者也可以利用公众平台为企业提供新的产品服务，包括信息获取功能、分享功能、推广功能。例如，美丽说用户可通过微信分享产品内容，扩大产品推广，然后达到口碑营销的目的。

5. 公众平台

微信公众平台中，人人可创建属于自己的微信公众账户，通过微信平台与目标群体进行文字、图片、语音等方面的交流互动。

第六节　短视频营销

当前，移动短视频行业正以星火燎原之势迅速发展，并且逐步成熟起来。在进入成熟期之后，各大资本对争相追捧，商家和企业都把目光转向了移动短视频的营销上，并投入大量人力和物力，参与到短视频地创作中去。通过对短视频营销进行研究发现，短视频营销行业渗透率超高，备受数字营销决策者的关注。移动互联网平台在历经数年的发展后积累了巨大的用户基础，这也使短视频市场的热潮不断升温，在市场野蛮生长的同时也暴露出多宗恶劣事件。经政府监管部门不断监管纠偏，对各类平台主体建设的约束作用得到一定的强化，市场从良性内容到生态构建，再到行业共识形成都取得了实质性进展。在创作领域中，以内容自身为中心的竞争与比拼日趋白热化，各个平台上的用户品味也变得更加挑剔，注意力资源也变得更加分散。短视频营销进入发展瓶颈期，短视频行业竞争日益激烈，短视频内容同质化严重，缺乏创新和创意。随着技术进步和消费者需求多元化，短视频行业迎来新的挑战和机遇。用户对产品质量要求越来越高，而短视频平台的优质内容稀缺，精品匮乏，质量良莠不齐。在此情况下，短视频内容创作需呈垂直化趋势，以质代量，成为市场竞争中的重要砝码。

一、短视频和短视频营销的内涵界定

"媒介就是讯息"，人类的传播活动都要依赖媒介。随着网络技术的发展、新媒体平台的出现和信息传播方式的改变，各种新型传播媒介应运而生，并以独

特优势在市场竞争中占据一席之地。其中，短视频作为一种新兴传播媒介受到越来越多的关注。短视频为企业实施短视频营销提供了依据。明确短视频和短视频营销传播概念有助于相应短视频营销的决策和推动营销活动。

（一）短视频界定

所谓短视频，就是借助互联网视频进行内容传播的营销模式，视频时长通常被限定在1分钟左右。短视频生产门槛不高，信息呈现方式集文字、语音、视频于一体，有着娱乐化、碎片化等自然性质，迎合用户在"读秒时代"的信息阅读习惯。主要传播特征是快速、立体、创造和分享的方式多元化、具有较强的社会互动性等。短视频这一传播形式之所以得以快速发展是因为外因和内因共同作用的产物。首先，移动互联网技术的发展、移动终端设备、快拍美化编辑技巧、大数据技术是短视频发展的外在支撑；其次，短视频内在逻辑是营销场景的社交化、碎片化信息的消费习惯以及大众化与定制化的精准推送。

（二）短视频营销

新媒体时代下，伴随移动应用和视频社交应用的快速发展，短视频正在由简单的信息载体向异常火爆的网络化销售传播方式转变。短视频营销就是企业利用短视频这一传播载体将产品信息传达给现有消费者和潜在消费者，并作用于受众认知、态度与行为，最终达到消费转化目的的一种营销路径。传统媒体时代，广告营销的重点是提高信息到达率和复现率，以加强受众的记忆点和品牌认知。新媒体时代，"以用户需求为导向"成为广告营销的基本原则，广告内容要符合受众心理诉求、注重情感沟通、提升互动体验；广告形式应满足受众个性化需求，突出个性表达；广告创意要创新求异、提高转化率、降低成本、扩大市场容量。在新媒体时代，短视频营销可以抓住产品和消费者之间的联系节点进行纵向深入和激励转化。在短视频平台的帮助下，商家能将互联网大数据融入其中，满足网民的观看习惯和偏好，做到精准推送、病毒式传播和高效率转化。

二、短视频营销的特点

短视频营销能绕过用户屏蔽而成为一种深受用户群体欢迎的营销方式，这是

建立在如下几大特征之上的:

(一)移动客户端传播方式

有了移动互联网技术与智能终端技术加持的手机版应用,操作界面异常简洁,点赞与转发、评价与打赏功能应有尽有。截至2020年3月,手机版应用软件用户数量已经超过8.97亿人,这为开发短视频类应用软件奠定了稳固的用户基数。在新冠肺炎疫情冲击下,智能手机成了居家隔离时主要娱乐工具。基于这一背景,"直播带货"成为新型消费方式之一。自2020年初开始,全国各地陆续出现各类直播平台,并呈井喷式增长态势。以快手为首,抖音也不甘落后,迅速崛起,火爆异常。以抖音短视频为例,日活跃用户数于2020年1月5日已超过了4亿。

(二)内容生产简易化

短视频应用软件功能得到持续优化,创作模式上的"零门槛"大大降低了生产成本,内容生产逐渐简易化。刚开始创作时,很多素人网红自己并没有视频拍摄和剪辑的基础,但是通过借助应用中视频编辑功能,指尖轻滑即可轻松完成分镜头录制、植入缩放、AR等功能,还可以加入裂变等特效,简易的操作技巧使创作者对视频拍摄和剪辑逐渐游刃有余。移动短视频用户和内容创作者之间的关系日益紧密。老百姓可以随时使用应用软件进行视频拍摄、制作并在自己的账号中发布。只需勤于实践,接地气视频也可以和专业设备拍出的效果媲美。如此,受众也能参与创作的过程,由此形成多层次体验感。内容生产的简易化使主流变成用户自发生产、制作视频,大大推动了短视频创作在内容上的蓬勃发展。

(三)碎片化传播

数秒至数分钟时长不等的短视频使记录和观看都变得更容易,可以满足人们在碎片化时间内的娱乐,满足现代人快节奏的信息阅览需求。从内容来看,短视频比激活价值链长尾部分要长,时刻可以抓拍获取,随手一拍的小视频更是能贴近生活。因此,短视频营销在未来几年将成为最主要的移动互联网传播模式之一。新媒体时代,移动互联网技术的应用极大地改变了人们的生活和工作方式,智能移动终端设备地普及也促进了各行各业营销阵地的转移。借助短视频传播快、制作简便、碎片化传播、社交化分享等特点，移动短视频迅速赢得了大批的用户，成为当下最炙手可热的营销载体。进入网络整合营销时代，如何利用好短视频营销这一新兴推广渠道，深度挖掘移动市场庞大的流量池，实现快速变现，已然成为企业关注的焦点。简短化和效果持续化的营销使营销效果达到最大。

（四）分享社交化

视频内容如果拥有高日常贴合度、高生活关联性，就极易产生粉丝效应，在粉丝自发分享中，潜在消费群体不断累积。以抖音、快手为代表的移动短视频应用基本都支持微信、QQ和其他社交软件账号的一键登录，目的是方便转发、分享视频进行社交。

三、短视频营销的实践创新策略

（一）持续优化良性内容生态

内容质量的高低是影响传播效果好坏的核心要素。随着移动互联网技术的进步，"网红经济"迅速兴起，并带动了相关产业快速成长。其中，以社交媒体为代表的短视频异军突起，成为最具代表性的新型传播媒介之一。同时也带来诸多问题：乱象丛生、监管乏力。受利益驱动，短视频市场混乱频发，不少短视频创作者和社会主流价值观背道而驰，为了博眼球、蹭热度而不择手段，如，利用剪辑、道具进行假吃播骗取流量。尽管政府监管部门的监管和纠偏对上述行为有一定打击作用，但是短视频行业的发展仍须依靠各个平台管理者、创作者、营销企业和其他主体的共同努力，应在发布良性内容、构建健康生态和产业发展导向等方面形成共识。这就要求创作者在创作过程中既要做到从内容为主，又要具有正确的价值观导向、提升自身媒体素质与创作技术、注重视频作品质量。平台主体层面要在探究中强化自身建设与约束，强化审核环节、严格把关视频内容，抵制恶俗视频。

（二）垂直化的专业内容

短视频时代的内容制作成本低廉，每个拿起手机的人都可以是创作者。短视频内容可以满足人们碎片式观看需求，有较强的传播力和影响力，对传统媒体产生了巨大冲击。短视频在短时间内迅速崛起，成为新媒体中发展最快的一种传播方式。受到了群众的广泛欢迎，吸引了大量网民的关注，形成了一种规模效应，经济效益极为可观，市场前景广阔。但是互联网信息产业蓬勃发展和短视频激增也导致了观众注意力过于分散。因此，短视频营销模式应该规避零散的弊端，做到专业内容垂直化，就是坚持以一个账号产出同领域内容。如果内容不垂直，就会造成观众定位模糊且不能确保视频输出的专业性与持续性。所以在设置账号之初就要结合用户的角度和自身的优势来做好账号的定位。因此，在这样背景下，可以将内容分为两个大类：一是品牌推广类小模块；二是个人情感表达类。这两种类型的内容有各自不同的传播特征和需求，前者侧重产品本身的信息发布；后者则侧重于用户体验。二者相辅相成，相得益彰。账号定位确定下来后，选题方向、脚本风格、拍摄手法、视频剪辑包装和留言区交互等版块的大概走向也随之明确下来。垂直化专业内容可以让关注它的用户在看到账号名称后，对内容方向有一个大概的了解。因此，准确的定位就是为准确地进行个性化推荐、培养更多的忠实用户奠定了良好的基础。

（三）实现整合营销

尽管短视频坐拥千亿市场，并且凭借其娱乐行业号召力、流行风向感知力和热点内容生产力等优势在平台方面取得较为稳固的位置，但是强大的娱乐属性使得短视频营销无法在诸多营销渠道上占据权威地位。伴随着对已有市场用户的挖掘，短视频行业会对二、三线城市及以下潜在领域进行激烈争夺。传统营销手段受到各种新型营销渠道的影响，已经无法满足顾客需求。无论何种营销手段在新媒体时代均很难确保实现区域全覆盖。在未来很长一段时间内，营销人都要深思，如何有效地利用各种营销渠道进行产品推广？如何能更好地为目标消费者服务？如何为企业提供个性化、定制化的产品服务？各类营销人员唯有将线上与线下渠道及营销资源进行融合，并且不断寻求与探索跨界合作的新途径，才有可能推动立体化、多渠道、人性化的营销传播并获取全面投资收益。

（四）保护短视频版权

面对移动短视频软件在侵权过程中所暴露出来的种种问题，国内学者提出并探究了移动短视频的内容中是否存在受法律保护作品版权这一问题，得出的结论是：只要汇集着作者的睿智和情怀的作品都应该得到法律保护。移动短视频的创作热潮已经超越了现行法律版权保护的范围，所以我国有关法律和规范制度应该适时调整，明确行为主体间的责任并划定边界。对内容消费者而言，应该注重对自身合法权益的维护；对内容经营者而言，可以依托立法明确权利边界，依法履行相应义务；对内容创作者而言，应当提高保护意识和维权能力。最后，应完善相关法律法规体系，强化网络监管，加强执法力度。针对移动短视频行业盗版侵权问题，我们应该善于利用监管技术在平台管理和内容审核上强化治理，建立版权纷争的解决机制并加大对违法者的处罚。除此之外，还应该强化创作者的法律意识，基于自我表达的需要，发扬原创精神。

第七节　直播营销

一、直播营销的界定

直播营销就是在直播过程中伴随着事件发生、发展的过程需要同步制作并播放节目，这种营销活动通过直播平台来提升企业的品牌效应、增加产品销售量。直播营销可以借助互联网技术使产品信息传播更为快速及时；能打破时间和空间限制，让用户随时随地进行消费互动。直播营销的主要特点是：第一，受众范围广泛；第二，互动性强；第三，效果显著，易推广；第四，成本低，效率高。作为在数字时代背景下提出的一种创新营销策略，直播营销符合传统营销的宗旨，那就是转变消费者对品牌的认知，激发消费者购买欲。商家借助直播平台宣传造势，使用户散落各地的目光集中转向直播平台上，在特定时间范围内引起更大关注度，增强用户黏性，优化品牌形象，产生"粉丝效应"，继而达到营销的终极目标。

万达集团宣布进驻直播平台，可以表明直播营销已成为各大公司新时代营销的首选。万达集团联合直播平台，不仅对自己发布会的现场进行直播，还将集团员工宿舍环境、食堂和其他内部环境呈现给了网友，全方位彰显万达企业文化。

就以往而言，商家一般都会将微信和微博作为营销传播的渠道，以达到对外传播产品和服务信息的目的，而网络直播的产生给各大商家带来了更立体化的营销平台，转变以微信、微博为主的图文传播方式。商家开始追求更直观、言简意赅而又别出心裁的营销模式，因此"直播营销"成了企业营销中的"黑马"。

二、直播营销的模式

互联网行业在不断进步，直播营销逐渐成为主流营销，网络直播平台凭借低门槛等优势，让每个人都拥有进行直播的权利和资格。商户可通过直播平台推广产品，商家可在直播平台上演示现场活动，平民能在网络直播中变成网红。在网络直播迅速盛行的今天，更多的行业如医疗、旅游等步入直播领域，网络直播在未来将迎来更广阔的空间。由于不少企业逐步认识到直播平台的优势，使网络直播平台渐渐变成企业竞争中的一个重要战场，营销模式会越来越有新意，类型也会更加多样。当前，我们大致可以把直播营销模式划分为 5 种类型：

（一）"明星"营销模式

大家都了解新媒体时代的"明星效应"有多强。特别是目前的直播已进入了全民直播的阶段，平民化舞台上大牌明星的加盟毫无疑问会引起观众粉丝们的关注，造成一系列轰动效应。明星因超强的传导能力与极高的关注度，会给品牌带来相当大的销量。李宇春现场选择欧莱雅冰晶粉口红妆效作为走戛纳红毯当天的妆造，短短几个小时，粉丝们就抢空了欧莱雅旗舰店里同款色号的口红。这一点足以证明用"明星"拉动品牌销量是非常有效的营销手段。

（二）现场营销模式

向观众直播展示活动现场的场景已经成为各大网站、企业和卫视的首选营销新形式。通过直播软件平台，商家可以举办产品发布会、演唱会、晚会和其他各类活动的现场直播，将活动全流程实时地展现在观众面前，大大提高受众参与度。与电视单向视频直播不同，这是融入度比较高的体验式直播营销模式。2017 年 9 月，中国交通广播对"苏宁易购北京善行者公益徒步活动"进行现场直播，与看电视不同，观众可以全程观看现场的访谈、细节和整个拍摄过程中的花絮，主播和工作人员通过直播的方式,对现场参赛选手进行实时访谈,直播没有节目时长限制,能从最近的角度去拍摄现场中的事件情况,短短12分钟的现场直播,观众的查看点击量为141.5万人次。全新的直播方式在给观众带来新颖体验的同时也加速了活动传播速度。

(三)企业形象宣传营销模式

在全民直播时代的大环境中,商家开始利用直播平台进行企业形象的创意宣传。有别于传统营销企业的产品以及活动,直播平台借助消费者对企业内部具有的窥私心理,通过直播企业内部工作环境、工作过程吸引消费者加入直播间,然后对企业内部形象进行深刻改观,理解深层次的企业内涵,最终实现企业品牌形象提升。与商家们精心策划包装的宣传大片相比,消费者倒是对商家的日常"隐私"更感兴趣。通过直播活动,消费者可以全面了解商家的制作、生产与销售流程,有利于全面展现企业品牌形象,吸引客户参与。例如,万达集团在花椒平台上开通了集团内部账号,专门进行直播,为客户展示不一样的企业文化。此举反映了万达集团营销目的和营销策略,证明了产品就像所处环境那样整齐和透明。因此商家日常的直播互动非常有助于更好地推广企业形象。

(四)深互动营销模式

借助网络直播平台和大众构建更加紧密的社交联系,这就是直播营销存在的方式。网络直播这一媒介在主播和受众间打造了一个虚拟的"朋友圈",它比过去网络平台和QQ、微信等聊天软件更具亲密感、熟悉度和真实感。在直播过程中,主播与观众实时互动,既加强了主播与观众粉丝间的联系,又使双方通过近距离交流,共享生活日常,满足了观众对主播的好奇心理,拉近了主播与粉丝之间的距离,继而使双方发展为相互信任的朋友关系并且拥有平等的社交地位,这在无形中引导观众向消费者转变。因此,直播营销也被称为"自媒体时代下的新零售"。

三、直播营销创新优势分析

近年来,微博、微信等平台的出现给商户带来了全新的产品和信息服务渠道,因为较低的准入门槛与良好的传播效果给企业营销创造了新的场所,用"微传播""大营销"等手段定格了整个传播格局。在互联网与企业的相互融合关系中，小米手机的营销模式始终走在前列。在微博大行其道的今天，小米借助微博平台吸引了无数粉丝，带动了商品销量的大幅提升。直播软件崛起后，小米公司首先尝试了视频直播营销。在一场发布会上，多名记者在手机应用软件上实时直播了当时的场景，吸引了众多观众的围观和10万人次的点赞。但随着微博的发展，也暴露出了许多问题。例如，缺乏持续吸引力、粉丝流失率较高、信息发布不及时等问题。为了解决这些问题，小米开始利用直播进行网络营销，直播内容丰富多样，吸引了受众眼球，增强了品牌关注度。借助直播活动，小米向受众群体有效地传达了自己的品牌理念，塑造了小米品牌的良好形象。所以网络直播为商家和物品的推广带来了一种新颖的营销方式并且取得了较好的效果，具体表现如下：

（一）营销反馈性更强

传统营销以提高信息到达率为主要手段，以获取更大关注度为主要目的，这种单向传播形式并不能及时反馈信息，特别是商户不容易及时收到受众在获取广告信息时做出的回应。在直播营销中，直播和售卖活动可以同步进行。例如，华为P9借助天猫直播平台发布新品，在直播过程中用户会更加积极地以弹幕方式发表评论，同时也会提出自己的问题，组织者会以即时互动的方式回答受众的问题，对商品感到满意的用户可以直接点击直播网页上的链接完成购买。直播营销过程中观众的即时反馈强化了营销内容的精准度，直播观众发出的弹幕可以获得主播的即时关注，让营销者可以实时收到营销反馈信息，立即为用户排忧解难，第一时间对营销策略进行调整，激发用户现场购买行为，提升营销效果。互联网时代的互动性在网络直播上得到了充分地体现，营销活动借助二者双向互动能使营销方向更加精准化。营销传播者和信息接收者之间能实时互动，给商家带来更多的浏览量，也汇聚了众多粉丝的关注，而观众则通过弹幕，能时刻与主播沟通，表达自己对商品的观点和疑惑，给商家提供了一个了解观众需求的直观沟通平台，保证营销方向更加准确。例如，运动器材商家可通过现场直播某一室外主播切身体验事件，并按照用户需求进行多种专业运动器材验证操作，为运动器材创造更大的销量。这一系列的举措都为消费者提供了更为直观、便捷的消费渠道，也使消费者更加愿意参与到直播中来，从而推动品牌发展。因此，直播营销具有广阔的发展前景。直播营销中的及时反馈不仅能在瞬间解决观众的各种问题，还将极大增强观众的存在感，更加易于实现有效交流、精准定位和拉动消费。

（二）营销手段更灵活多样

企业在进行营销时需要从用户需求以及业务层面上对用户建立互通互联渠道，通过加强企业和用户之间的双向交互，提高消费者忠诚度和满意度，进一步增强整体营销效果。在社交媒体迅猛发展的基础上，企业品牌呈现出多样化发展态势。尽管商家与社交网站联手，通过打造微博账号、微信公众账号和其他途径，也有助于企业树立良好的形象，加强用户紧密联系，然而这种联系的关联性较弱。而网络直播营销具有的优势，就是在有效运用互联网信息技术的基础上，融合"传统媒体"元素，通过多种多样的营销造势手法，把散布于整个网络中的注意力集中于该平台上的某个时间段，这种方法和传统的电视栏目的播出收看很相似。不过，二者区别在于：在直播时，观众能和直播间的主播实时交流，这种手段更灵活，营销效果也得到有效强化。

建立在场景基础上的表达方式与思想的真实性密切相关，更加逼真的媒介场景才能更加有效地起到良好的营销效果。直播是一种新的传播手段和模式，改变了传统的信息传播方式。网络直播作为一种新型媒体形式，不仅打破时间、地域等限制，而且给人们带来了全新的感受，直播也成为品牌营销的重要方式之一。直播平台为用户塑造出更具真实性的娱乐情景，借助直播平台能够将多维度的空间直观地呈现给观众，用户可以直接面向主播收看直播内容，增强和主播的信任度和亲密度，并且增进他们对商品的了解，让原本神秘莫测的虚拟网络世界成为直观的"现实生活"。在较为逼真情景下的实时互动给用户带来更为逼真的感受。观众通过网络直播的弹幕能和商家产生互动，相互从深度交流中寻找情感共鸣、寻找集体归属感，无形中让自己接受营销，从而完成观众向消费者的转化。尽管人们相互间并非认识于现实的"物理空间"，且客观时间上互不同步，一旦走进网络直播这个房间"，将使现实世界时空失效。总体上看，虚拟网络直播平台情景下，观众身体虽不在场，但是他们的注意力被充分地投入情景中，并且在情景中建立起了相互之间的认同感。通过实时互动，能维持直播间的有序进行，让观众身临其境，继而进化成为"粉丝"。

（三）营销市场竞争中生命力更强

传统营销方式常因为费用高、推广形式单一、受地域的制约等问题导致营销宣传生命力不强，很难继续下去。网络直播中，观众对直播的内容可以重复收看。同时，对直播时间的充足性用户也有长远的作用，能使企业更全面地进行产品的深入介绍，营销力度更强。

著名心理学专家斯蒂芬森把媒介看成玩具，他认为人与媒介的接触带有游戏的意味，人对媒体的利用主要是为了消遣娱乐，因而大众传播具有游戏性。就游戏性传播而言，为了营利进行传播的类型将被替代，进行游戏性传播的人是积极活跃的，甚至当游戏遭遇迷茫时，人仍然会享受到这种传播方式和参与带来的乐趣。

相对传统贴片广告和电视推广，网络直播没有以时间为标准收费，具有费用低廉、方便快捷等优势。随着网络直播技术的发展，网络直播已经成为广告商和消费者之间重要的沟通方式之一。作为一种新的营销渠道和宣传手段，网络直播也给平面广告提供了一个全新的平台。视频广告不同于平面广告，每一个瞬间都是不断变化的，通过连续的画面变化不断吸引观众的眼球，从而来提高信息传播的效率。同时，直播弹幕内容因其机动性大，使直播更加有趣。即使直播内容显得相对没有趣味，但观众心中的游戏天性也已经被满足。

（四）营销集聚能力更突出

网络直播从属于网络社交平台，由于受众在直播过程中主动关注直播内容，往往使营销效果更加突出，直播最大的优势就是可以快速地聚粉、沉淀和互动，然后进行二次营销。纵观网络的传播，用户是一个以自我为中心的信息来源，通过不断集聚与互动，能吸引更多的消费者加入进来。例如，在2017年，斗鱼直播四位明星主播来到了塔克拉玛干沙漠南边的一个小城，化身助教，向当地儿童传授学问。通过全程直播，把支教期间的一点一滴真实地呈现给公众，广大网友纷纷自愿走进直播间，开始重视地方贫困家庭存在的困难和需求，亲身体验他们的人生不易，宣扬积极向上的生活态度，当时在线观看人数达到了 86 万人次，许多人不知不觉萌发了参与支教行列的念头，最后投身公益，传递正能量。

往往营销上不具备某些营销味，营销效果才是最好的。就网络直播而言，用户积极主动地参与能使传播信息接受程度逐步提高，这个时候直播内容拥有的立体体验和趣味性的体验才能更好地被观众所接受，观众也较为乐于点赞转发，甚至共享社交圈。达到企业品牌营销活动的目的，实现企业品牌宣传终极目标。

第六章 电子商务的电子金融创新

本章为全书的最后一章,名为电子商务的电子金融创新,共分为四节内容,第一节为电子支付及电子货币,第二节为电子银行,第三节为网上证券,第四节为网上保险。

第一节 电子支付及电子货币

一、电子支付概述

(一)电子支付的定义

电子支付就是参与电子商务交易的各方,包括消费者(买方)、厂商(卖方)和金融机构等当事人通过信息网络,并且利用安全信息传递手段,以数字化形式实现货币支付或者资金流转的过程。

(二)电子支付的特点

第一,电子支付工作环境建立在开放系统平台——互联网,传统支付则运行于相对封闭的系统。

第二,电子支付通过先进数字流转技术在开放网络上完成信息传输,多种支付方式均以电子化形式实现款项支付;传统支付则由线下实现,一般以现金或刷卡消费为主。

第三,电子支付对软硬件设施要求较高,通常需要联网计算机、相关软件和部分配套设施;传统支付则无须这些条件支持,只需要双方面对面就能完成付款。

第四，电子支付具有方便、快捷、高效和经济的优点，用户只需要通过电脑端或无线端，就可以足不出户在极短时间将款项支付给收款方，同时支付费用十分低廉。

（三）电子支付系统的定义及其构成

1. 电子支付系统的定义

电子支付系统是一种以数字化、电子化方式实现电子货币数据交换与清算的网络银行业务系统。

2. 电子支付系统的构成

以互联网为平台的电子支付系统主要包括：客户、商户、认证中心、支付网关、客户银行、商户银行、金融专用网络等七大组成部分。

（1）客户

客户泛指使用电子交易手段同企业或者商户进行电子交易的机构或者个人。通过电子交易平台与商家进行信息交流，订立交易合同，使用自身所掌握的网络支付工具。

（2）商户

商家是指那些为顾客提供货物或者服务的机构或者人员。就电子支付系统而言，其必须能按照顾客下达的支付指令，并要求金融机构进行结算，该流程一般通过商家建立的专用服务器进行加工。

（3）认证中心

认证中心就是第三方支付平台，认证中心作为交易双方所信赖的公正第三方中介机构，主要负责向从事电子交易的当事人颁发数字证书来证实当事人的真实身份，并确保电子交易全过程安全平稳地进行。

（4）支付网关

支付网关作为完成银行网络与因特网通信、协议转换和执行数据加密、解密等功能的服务器集合，维护着银行内部网络的安全。电子支付的核心部分就是支付网关，是整个电子支付体系中的重要组成部分。支付网关负责将客户在网上购买的商品或服务传递到银行内的清算中心。

（5）客户银行

客户银行就是通过互联网向用户提供各种金融服务的商业银行，包括网上银行、网上商城和其他电子商务网站等。在以银行卡为支付手段的网络支付体系下，为客户办理资金账户并使用网络支付工具。客户银行确保支付工具真实可靠地按照不同政策及条款支付每笔认证交易。

（6）商家银行

商家银行给商户开立资金账户。商家银行根据商户提供的合法账单进行业务，又叫收单行。顾客将订单及支付指令发送给商户，商家会保留接到的订单，向商家银行递交顾客支付指令后，商家银行对客户银行提出支付授权请求，并对其开展清算工作。

（7）金融专用网络

金融专用网络是指银行内部和银行间交换信息的一个封闭性专用网络，稳定性强、安全性好。

二、常用的电子支付工具

（一）银行卡

银行卡（Bank Card）是商业银行和邮政储汇机构等金融机构面向社会发行的一种用于消费信用、转账结算、存取现金和其他功能的信用支付工具。由于各类银行卡均为塑料，被用于存取款、转账支付等，因此也称"塑料货币"。银行卡的大小一般为85.60毫米×53.98毫米还有比普通卡小近二分之一的迷你卡和外形不规则的异型卡。银行卡有借记卡与信用卡之分。

1. 借记卡

借记卡（Debit Card）是指先存款后消费（或取现），没有透支功能的银行卡。借记卡有转账结算、存取现金、购物消费等功能。按照功能的不同，可将借记卡分为转账卡（含储蓄卡）、专用卡及储值卡。

转账卡即储蓄卡，有转账、存取现金和消费等多种功能。

专用卡就是有明确用途的卡，在特定地区（除百货、餐饮、娱乐等行业外）

使用的借记卡,有转账、存取现金等功能。

储值卡指银行按照持卡人请求把款项转入卡内存放,并在交易过程中从卡内直接扣除款项的一种预付钱包型借记卡。

2. 信用卡

信用卡是指由银行发行给个人或单位,凭信用卡到特约单位进行购物消费并从银行取现的一种银行卡。信用卡的表现形式为一张正面印着发卡银行的名称、有效期、编号和持卡人名字,反面印着芯片、磁条和签名条的卡片。信用卡是银行或者信用卡公司根据用户信用度签发给持卡人的,持卡人持卡消费后不需要付现金,只需在账单日之后偿还。信用卡有25~56日或者20~50日两种免息期,所谓的刷卡消费有的免息期优惠,在到期还款日之前偿还账单数额就不产生任何额外花费。目前信用卡在国内已经得到普遍应用,但由于一些不法商人存在牟利心理,信用卡诈骗案件时有发生。信用卡诈骗罪是指以非法占有为目的,使用他人信用卡并从中索取财物的行为。犯罪人质必须具有民事行为能力;被害人也应该具备行为能力,才能成立犯罪。信用卡提现不设免息还款期,自提现日起每日计收0.05%的利息,银行可按比例计收提现手续费等。信用卡按清偿方式被分为贷记卡和准贷记卡。

(1) 贷记卡

贷记卡就是发卡银行给持卡人一定信用额度的信用卡,持卡人可以先在信用额度内消费,然后再偿还贷款。

(2) 准贷记卡

准贷记卡就是持卡人首先按照银行的要求存入一定数额备用金的信用卡,备用金支付不足时可以在发卡银行指定的信用额度范围内透支,通常人们所说的信用卡是指贷记卡。

(二) 智能卡

1. 智能卡的内涵

智能卡为IC卡,将嵌入式微型控制器芯片装入塑料卡中,智能卡是在法国问世的。

IC 电话卡也叫集成电路卡，卡面上镶嵌着一个集成电路（IC）芯片。将 IC 电话卡插入 IC 卡公用电话读卡器，便于实现通话，并由话机自动扣减卡内储值。IC 电话卡的芯片是具有存储、加密和数据处理能力的集成电路芯片，而塑料卡片被用于嵌入集成电路芯片，从而方便用户携带。

2. 智能卡推广应用中的障碍

智能卡制作成本高。由于智能卡的芯片具有存储、加密和数据处理的能力，故而制卡成本较高。

不能实现一卡多能、一卡多用。由于不同种类的智能卡和读写器之间不能跨系统操作，智能卡需要与特定读写器相互匹配才能使用，因此智能卡的用途较为单一，不能实现多功能多用途合一。

（三）电子钱包

1. 电子钱包的定义

电子钱包作为电子商务活动中客户购物经常使用的支付工具，通常用于小额购物或者小商品选购，是一种新式钱包。

电子钱包与实际钱包有相同的作用，其可以储存信用卡、电子现金、居民身份证书、所有者的地址和电子商务网站收款台需要的其他资料。

2. 电子钱包的工作原理

使用电子钱包的客户，一般都会到相关银行开户。使用之前需要先安装好对应的电子钱包软件，再通过电子钱包服务系统将电子货币输到电子钱包中。由于使用了电子钱包系统，电子钱包与银行间不再是一对一的关系，而是通过网络进行信息交换和数据交换；用户可在任何时间、任何地点使用电子钱包，不需要再为购买商品而反复输入密码；操作方便灵活、安全稳定可靠、费用低廉。当完成收付款后，只要用户点击电子钱包软件中对应的选项就可以完成付款。所以，用电子钱包付款的方法又叫单击式或者点击式支付。

3. 常用的电子钱包

（1）支付宝钱包

支付宝钱包是国内领先的移动支付平台，内置风靡全国的平民理财神器余额宝和海外到店买、阿里旅行、天猫超市等链接，还支持发红包、转账、购买车票、生活缴费、滴滴打车出行、购买电影票、收款、手机充值、预约寄快递、信用卡还款、购买彩票、爱心捐赠、点外卖、加油卡充值、话费卡转让、校园一卡通充值、城市服务、股票查询以及汇率换算等功能。在便利店、超市购物或在售货机购买饮料时，我们也可以使用支付宝钱包。

（2）QQ钱包

QQ钱包使用卡包的形式，方便用户管理自己的Q币、财付通账号、银行卡等，同时沿用财付通体系的支付密码，可以用于财付通支付和银行卡支付，让用户可以选择最便捷的方式进行移动支付。用户可以通过QQ钱包，为手机进行充值、购买电影票、购买QQ会员、QQ阅读、QQ游戏等。目前已经在尝试阶段的QQ群在线教育，以后也可以通过手机QQ钱包进行支付。

（3）百度钱包

2014年4月，百度正式发布"百度钱包"移动支付品牌。百度钱包是继支付宝、微信支付等移动支付工具后的又一"微支付"。百度钱包打造"随身随付"的"有优惠的钱包"，把百度的商品和海量商户直接"连接"到众多用户，提供转账支付、充值缴费和其他支付服务，以及O2O生活消费领域的全面开放，还提供了"百度理财"这样的资产增值功能。2015年11月，百度钱包开启"常年返现计划"，打造一个能返现金的钱包，常年立返现金1%起，最高可免单，资金实时返还至用户百度钱包账户中，可提现、可消费、永不过期，将权益真正反馈给用户。

百度钱包拥有超强转账功能、充值功能、会员积分功能、理财功能和拍照付款功能。

（四）微支付

微支付是指在互联网上进行的小额资金支付（单笔交易金额小于10美元）。该支付机制有特定的系统需求，当满足一定的安全性时，需要尽可能少地传递信息，管理与存储需求更低，而对速度、效率的要求相对较高，这样的支付形式便是微支付。现如今，人们提到微支付一般指的就是微信支付。

微信支付就是整合到微信客户端上进行支付的一种功能，使用者能用手机来完成快捷支付过程。微信支付有便捷、安全和低成本等特点。目前微信支付已经成为人们生活中不可或缺的一部分。然而，微信支付在给人们带来极大便利的同时也存在着一些风险隐患，需引起重视，预防风险。

2016年3月1日，微信提现开始收取手续费，每位用户（以身份证维度）享有1000元免费提现额度，超出1000元后，按提现金额收取0.1%的手续费，每笔最少收0.1元。提现以外的任何支付、转账、红包等场景，微信支付都不收取任何费用。

三、电子货币概述

电子货币在电子商务中占据着举足轻重的地位，电子货币应用的深度和广度直接影响着电子商务的发展。

（一）电子货币的基本形态与特征

1. 基本形态

目前，对"电子货币"这一概念的具体定义为经济类学术界还没有给出较权威性的统一定论。此外，如果分析世界各国已实施的和电子货币相关的试验项目，就会发现这些货币的形式都不尽相同。不过就目前的统计结果和发展趋势来说，大部分电子货币仍然有着大体一致的基本形态。本书阐述的电子货币有着如下基本形态：从发行者通过一定金额的现金或存款兑换并取得拥有同等金额的数据，借助某些电子化的方法直接把要求的数据转移给支付对象，借此达到清偿债务的目的，而转移的数据本身就是所谓的电子货币（图6-1-1）。

相关机构发行和运行电子货币的流程共包括发行、流通和回收3个环节。具体操作方式如下所示：第一，发行。电子货币的使用者X为电子货币的发行者A（发行者可能是银行或信用卡公司等）提供一定金额的现金或存款，同时要求对X授信所发行电子货币的相关数据。第二，流通。使用者X接受来自A的电子货币后向使用者Y授信电子货币的数据以抵消对其的债务。第三，回收。A遵循

Y 提出的支付请求，用现金兑换电子货币并支付给 Y，或者将电子货币存入 Y 的存款账户。

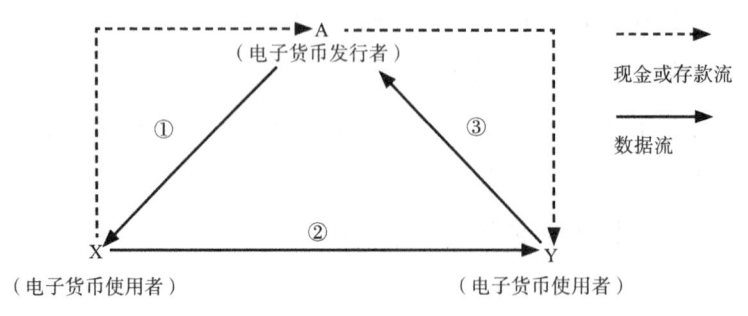

图 6-1-1 电子货币的基本形态

2. 电子货币的特征

电子货币除了具备以上基本形态外，不同类型的电子货币还有如下特征：

第一，技术方面的特征。电子货币使用了电子化方法并采用了安全对策。

第二，电子货币的结算方式。分为预付型、即付型、后付型。

第三，流通规律的特征。电子货币中既有只允许一次换手（即只能用于一次支付就返回发行处的流通形式），也有可多次换手（即多次辗转流通）的形式，无论是属于第几次换手的电子货币持有者，均有权向发行者提出对资金的兑换请求。

第四，电子化方法的结算。分为支付手段的电子化和支付方法的电子化。

（二）电子货币的分类

作为一种电子化的支付手段，电子货币的大致包括以下四种：

第一，储值卡型电子货币：本质上是储值卡的一种，相较传统模式有着更加全面和强大的功能。

第二，信用卡应用型电子货币：即完成了电子化应用目标的信用卡。

第三，存款利用型电子货币：本质为存款货币，作为一种支付手段在计算机网络中广泛传递。

第四，现金模拟型电子货币：即电子现金，支付原理仿照现金的当面支付方式。

(三)电子货币的发展

目前,金融技术创新和金融制度创新是金融创新的两个主要方面。对金融技术创新来说,最值得大众关注和支持的新生理念当然非电子货币莫属。这一概念有许多种不同的名称,包括电子货币、数字现金、电子通货等。不仅如此,电子货币的表现形式也可谓异彩纷呈。例如,英国有个名为斯温顿(Swindon)的城市,虽然人口只有17万人,但引起了世界各国的注意,原因是它在世界上率先推行了电子货币实验。其后,欧美各国也竞相开展了各种各样的有关电子货币的实验,以至形成一股热潮,波及世界各地。

1995年7月,素有"英国硅谷"之称的斯温顿市开展了一项名为"Mondex UK"的IC卡业务。这个IC卡中包含了一个集成电路芯片(也就是IC芯片),芯片中汇集的电子信息就是IC卡上所有金额的货币信息,我们可以认为芯片拥有的电子信息就等同于电子货币。在参加实验的经济交流场所内,Mondex(电子钱包系统)卡的持有者可以利用卡中存储的电子货币开展购物和消费活动。这些场所不只包括商店,还包括机动车停车场、火车站售票处、自动售卖机等。商家从顾客提交的Mondex(电子钱包系统)卡中提款时,要使用专门为该卡开发的读卡终端机来完成,首先把卡插入机器,然后输入顾客所选商品的金额,最后只要按下确认键就可以完成支付流程。用Mondex(电子钱包系统)卡代替现金支付的处理过程,实质上就是把消费者持有的电子货币(相当于销售金额的电子信息)IC卡写入(移动至)商家的读卡终端机中。

如果Mondex(电子钱包系统)卡中的余额不足或已经用完,则卡片持有者可以用联机的方式,利用自动柜员机(ATM)或是专门的电话机把电子货币从自己的银行账户移动(补充)到Mondex(电子钱包系统)卡中。这个过程实际上是从自己的账户中拨出一部分存款后将存款以电子货币的形式存储在Mondex(电子钱包系统)卡中。

在专用的便携式终端辅助下,Mondex(电子钱包系统)卡还可以从某一张个人卡中向另一张个人卡中转移电子货币,就是以普通现金一致的形式来完成不同个人之间的支付。若利用专为Mondex(电子钱包系统)卡开发的特殊电话机,哪怕两个个人用户相距千里之中,也可以在几秒钟之内实现电子货币的转移。

四、常见的电子货币类型

(一)储值卡型电子货币

1.Mondex(多应用操作系统)电子现金卡

Mondex(多应用操作系统)电子现金卡类似于电子钱包卡,具有自己的特点。除了可以利用其进行圈存、消费外,还可以通过读写器将一张Mondex(多应用操作系统)卡中的钱转移到另一张Mondex(多应用操作系统)卡中。此外,它受到个人密码的保护,只有卡片的主人才可以访问卡上的数据。

Mondex卡的出现使智能卡的动作更像真正的现金,避免了人们携带大量现金或是准备零钱的麻烦和不安全性。持卡人能通过自动柜员机或电话机向智能卡上存现金,能与其他持卡人便捷地转移现金,甚至可以存储不同国家的货币。另外,通过密码保护,Mondex卡提供了比一般电子钱包更高的安全性。

2.Multos卡

Multos是一个高安全性的、多应用的、智能卡操作系统,它允许不同开发商的应用同时安全地运行在一张卡上,而且可以使应用独立在硬件平台。这将为消费者带来极大的便利,同时使发行商可以与其他发行商分享卡片空间和分担开销。Multos能可以与智能卡技术相关的各个行业提供真正的便利,能受益的包括那些有兴趣加入这一市场但是无力承担全部初始投资和后期维护费用的公司。这些受益既适用于金融领域,也适用在包括通信、互联网、公共服务、卫星有线电视、售票、零售等领域。Multos在这些领域引起的发展将使全世界的消费者受益。

3.Visa Cash卡

国际三大信用卡组织(VISA、MASTERCARD和EUROPAY即维萨、万事达和欧路卡)合作开发了EMV系列标准,比较成功的试点产品有Visa Cash、Mondex等。

Visa Cash是VISA组织在1995年推向市场的一个产品,它是一种储蓄卡,已在许多国家和地区发行。

VISA还开发了一种既适合磁条卡也适合芯片卡的应用Visa Easy Entry，它将磁条轨1和磁条轨2上的银行数据收入芯片，有读智能卡功能的终端不读磁条面，而是读芯片中的数据，并且按照传统方式实现交易。

（二）信用卡型电子货币

1. 信用卡

1915年，信用卡作为一种新的支付手段在美国诞生，至今已有100多年的历史。不过，最早发行信用卡的机构并不是银行，而是一些百货商店、饮食业、娱乐业和汽油公司。在当代，信用卡经过多年的发展和演变，已经成为一种被广大群众所熟知和接受的支付方式与信贷工具。信用卡的出现和推广为人们的结算方式、消费形态和消费理念带来了翻天覆地的转变。

（1）信用卡的类型

根据不同的判定标准，信用卡的划分方式也不同，大致有以下五种分类方法：

①根据信用卡的信用性质和效用，可将划分为借记卡（Debited，属于广义信用卡）和贷记卡（Credit Card，属于狭义信用卡）。前者的基本特征是"先存款后调用"，也就是持卡人一定要先将现金存入发卡机构内才能用信用卡消费，付款时不可透支消费，必须以存款余额为限度。而后者的基本特征则完全相反，是"先调用再还款"的模式，使用贷记卡的持卡人在消费时不需要先在发卡机构存款，可以直接获得一定信贷额度的使用权。

②根据发卡机构的性质，可将信用卡划分为金融卡（Debit Card）和非金融卡（Non-Financial Card）。前者具体包括万事达卡、维萨卡、中国银行长城卡等；后者一般由政府部门、信誉较好的大型公司和企业发行，如，加油卡、地铁卡、电话卡、商业优惠卡等。

③根据发卡对象的性质，可以将信用卡划分为主卡、附属卡、个人卡、公司卡等。

④根据持卡人的社会信誉或社会经济地位的不同，可以将信用卡划为普通卡、银卡、金卡、白金卡等。

⑤根据信用卡的流通范围，可划分为国际卡、行区卡。

（2）信用卡的基本功能

信用卡的基本功能包括 ID 功能、结算功能、信息记录功能三种。ID 功能即验证持卡人的身份、确认使用者是否为用户本人的功能；结算功能指的是信用卡可被用来支付购买商品金额、享受金融服务的款项，包括非现金、支票、期票的结算；信息记录功能是指在卡中记录持卡人的属性（如持卡人身份、信用卡密码等）与卡片的使用情况等各种数据的功能。

（3）信用卡的附加服务功能

基于上述的三项基本功能，信用卡为了拓展自身的功能，让自身作为一种支付方式更趋于多元化、优越性更明显，专门增加了一系列服务性的功能，这些功能就是信用卡的附加服务功能，种类十分多样，主要包括以下功能：

①消费信用功能。这是指持卡人以自己的消费信用代替现金，在与信用卡发行机构达成协议的消费场所（如商店、宾馆、酒店等）直接开展各种消费活动，最后再支付款项的功能。

②消费信贷功能。这是一种"先调用再还款"的功能。持卡人不仅将信用卡作为一种记录存款和消费的工具，还将其作为一种独具特色的消费信贷工具。以目前我国各大银行发行的各种信用卡为例，在自己备用金账户的存款余额不足以支撑当前的消费金额时，持卡人可以透支一定限度的电子存款，也就是先消费后还款。

③吸收储蓄功能。含义是将信用卡作为一种吸收存款的手段。利用信用卡保证金账户来储蓄持卡人的保证金，期限往往在两年之内，利息则根据同期定期储蓄来计算，备用金又需按照活期储蓄存款的利息来计息。

④转账结算功能。指在未与信用卡发行机构达成协议的消费场所，持卡人也可以凭卡购物，这一功能要求持卡人前往开通信用卡业务的分支机构完成异地或同城购物的转账结算手续。

⑤通存通兑功能。能拓宽持卡人通存和通兑现金的范围和渠道。持卡人可以在开通信用卡业务部门的分支机构或者不同发卡系统的分支机构完成相关现金业务。

⑥自动取款功能。指持卡人可以凭借信用卡在自动柜员机上完成自动存取款、转账、余额查询和密码修改等业务。

⑦代发工资功能。该功能一般为各大企事业单位设定。企业等团体可在结算工资时将与员工工资相对等的金额转入所持有的信用卡或 ATM 卡账户，之后员工就可凭卡支取或使用工资。

⑧代理收费功能。该功能一般为各公用事业单位设定。由银行代理这些单位开展收费业务，具体收费项目包括水电费、煤气费、住房费、加油费、电话费、医药费等。这些费用都可以通过信用卡或 ATM 卡实现转账结算。

⑨信誉标志功能。该功能既是为信用卡用户提供的服务，又是对社会信誉的评判。发卡机构在办理业务之前首先要详细地审核和分析信用卡申请人的经济情况、收入来源、担保能力、道德行为等方面，之后再决定是否为其提供服务；如果申请者是有较大资金活动量并且要求存入一定量的保证金的个体业者，则申办公司卡的单位还要全面调查和了解此用户的财务状况、生产经营状况、资金清偿能力等信息，在评估后给出回应。所以，只有具有良好信誉的人（或公司）才可获准领取信用卡并享受相关服务。

2. 银行 POS 系统

银行 POS 是使用银行卡的非现金支付系统，支付过程是顾客在商店购物所需支付的款项，由该顾客的银行存款账户支出，自动转账存入商店的银行账户。在各家银行的努力下，银行 POS 系统在我国得到比较迅速的推广和普及。

银行 POS 系统作为小额支付使用的新型支付工具，有代替现金、支票等的可能性。因此，对于消费者来说，银行 POS 系统必须具备随时随处均可使用方便的特性。如果银行 POS 系统只是在限定的场所、限定的服务项目中小规模开发，是很难推广应用的。所以，从开发之初，就应该使尽可能多的银行、特约商户参与进来，使银行 POS 系统网络和银行卡成为社会公用的基础设施，这对提高使用的方便性和降低单位成本而言十分重要。

（1）信用卡金融信息系统

信用卡金融信息系统（Credit and Finance Information System，CAFIS）是将

特约商户、信用卡发行机构和银行 CD/ATM 现金服务系统联网，在顾客使用信用卡消费时，实时予以处理的系统。CAFIS 的联网概念，如图 6-1-2 所示。

特约商户的店铺内设置有 CAT（Credit Authorization Terminal，信用卡授权终端）与 CAFIS 中心的主计算机连接。由 CAT 输入的有关信用卡的认证数据和顾客使用信用卡消费的数据，首先传输到 CAFIS 中心。在这里，将先对信用卡及持卡人进行识别，确认合法性之后，再将有关的消费信息传送给信用卡发行机构的计算机汇总处理。同时向银行主计算机传送支付指令，进行转账结算联机处理。该系统具有对信用卡的真实性、持卡人的合法性和信用额度进行确认并授权的功能，即信用卡授权功能。与此同时，其还对特约商户的销售业务和其他服务性业务进行机械化处理，达到科学管理和降低成本的效果。

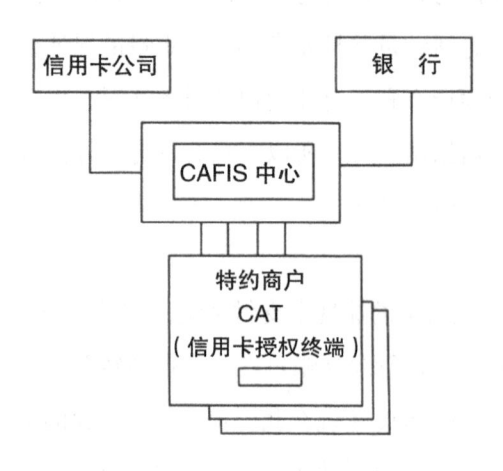

图 6-1-2 CAFIS 的联网概念图

（2）综合型银行 POS 系统

CAFIS 站心与银行 POS 系统连接，构成综合型银行 POS 系统。利用 CAFIS 的信用卡授权功能，则能更有效地发挥银行 POS 系统的作用。系统结构如图 6-1-3 所示。具体应用流程如下：

①特约商户的现金出纳系统将顾客的消费金额输入 POS 终端。

②读卡器读取银行卡上磁条中的认证数据，顾客输入密码。

③将输入的数据送往 CAFIS 中心。

④CAFIS 中心根据收到的顾客密码、数据确认卡的可信性和信用额度更新顾客的数据库文件，之后将处理得出的数据及时返还 POS 终端。

⑤现金出纳系统确认处理结果数据，随后向顾客及时反馈商品和收据。

⑥在下一个营业日到来之前，CAFIS 中心要借助数据传输回路把处理过的消费金额申请支付数据返还给相应银行。

⑦在收到申请支付数据后，银行可将该款项从顾客的账户支出，随后存入特约商户的账户。

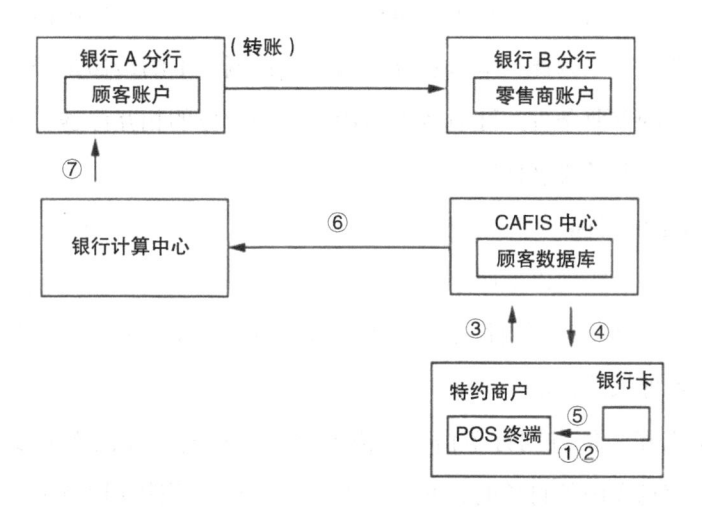

图 6-1-3　综合型银行 POS 系统的结构处理步骤（联机时）

在使用上述这一系统消费时，支付过程会通过联机系统实时处理顾客的款项，这一过程需要获得 CAFIS 中心的支持。该系统的特点是假如特约商户和银行之间的联网方式采用专用线路来实现，那么要想树立实现消费功能，就只能在银行的营业时间内消费。但是，在利用 CAFIS 中心时，无论是否在银行营业时间之内，商家和顾客都可以进行交易。而对营业时间之外获得的转账数据，商户可以先通过 CAFIS 中心加以存储，之后在银行开始营业时再转交，予以处理。另外，利用 CAFIS 中心还有以下优点：因为 CAFIS 中心存有顾客数据库文件，所以对顾客的银行卡挂失、停止使用的有关处理和对银行卡有关数据的确认会容易得多。

对零售业、服务业等特约商户来说，使用银行POS系统，可以减少店铺中对现金的操作，同时资金可以在一个银行账户集中管理。而对顾客来说，则可减少他们使用现金支付的麻烦，实现非现金消费。

3. 安全电子交易SET信用卡

（1）SET的制订

互联网在世界范围的迅速普及，为以维萨国际和万事达卡国际为首的国际信用卡公司推广为互联网网上电子商务结算工具的信用卡的应用提供了较完善的网络应用环境，为其发展创造了良机。

如上所述，信用卡应用型电子货币结算的主要特点是：使用信用卡的卡号进行有关确认和结算。因此，卡号在互联网或其他网络上的传递是否安全成为结算能否顺利完成的首要条件。随着各家信用卡公司业务的相互渗透，制定统一的安全通信标准被提上了议事日程。

（2）SET的目标

SET是最终应实现以下四个基本目标：

①确保互联网+范围内订单和个人账号信息的安全保密传递，防止黑客窃取网上输送的各种保密数据。

②将个人账号信息同订单信息分隔开来。确保商家在向卖方发送包含持卡人个人账号信息在内的订单时，只能查看订货信息，不能窃取持卡人的个人账户信息。

③持卡人与商家之间为互信对方的真实身份，必须在交易前相互认证。而负责向在线通信双方提供信用担保的往往是第三方机构。

④开发的软件应当遵循同一个协议，使用同一个消息格式，这样才能保证由不同厂家开发的软件彼此之间功能兼容，达到相互操作的目的。同时，即便是在不同的硬件和安装有不同操作系统的平台上运行，也不会受到阻碍。

（3）SET的付款过程

SET的支付过程如图6-1-4所示。

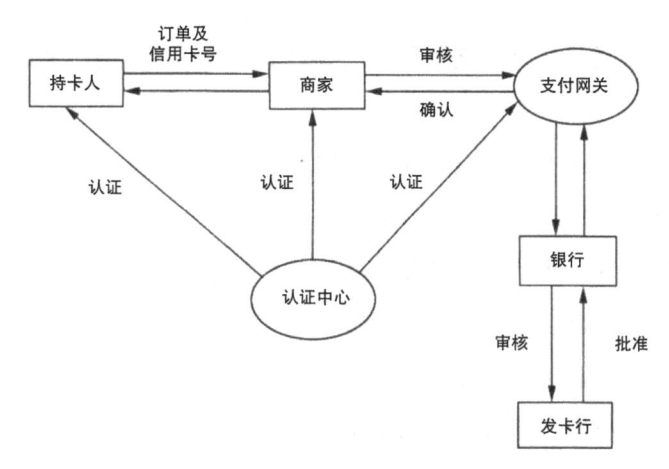

图 6-1-4　SET 支付过程

①持卡人向商家发送一则完整的订单和要求付款的指令，这两则信息在 SET 中都要由持卡人亲自进行签名才能生效，凭借双重签名技术来确保持卡人的私密账号信息不会向商家泄露。

②在收到订单信息后，商家与持卡人达成协议的金融机构寻求支付认可，确认流程由网关（Gate-way）开始，到银行，再到发卡机构批准交易，最后返还给商家，以确认信息。

③商家为顾客返还订单来确认信息，顾客端软件为便于用户查询订单信息，会提供交易记录日志的功能。

④商家为顾客包装运输所订的货物或提供其他订购服务。到这一环节，我们就认为一个完整的购买过程已经实现了，这时商家便可以向银行提出申请，即刻从购物者的账户上提出对应金额，转移到商家的账户上，或者等待其他合适的时间成批量处理。

⑤持卡人再向金融机构提出申请，请求支付。

（三）账单型电子货币

1. 电子支票

（1）电子支票应用过程

电子支票应用过程包括购买电子支票，电子支票付款以及清算。

（2）电子支票支付的特点

①在工作方式上，电子支票和传统支票十分接近，对用户来说比较方便理解和上手。

②在流通和操作方面，电子支票的加密手段使电子支票相较于公共密钥加密的数字现金而言更便于流通。在认证和确认支票时，买卖双方的银行仅需借助公共密钥便可以实现，此外还可以自动验证数字签名。

③电子支票在市场中的适应范围非常广泛，并且在同 EDI 应用结合时的操作流程也比较便捷，能基于 EDI 的支持得到自动验证。

④第三方金融服务者首先可以从交易双方的账户中提出固定的交易费用，或遵循规定的比例抽取金额。不仅如此，第三方金融服务者还能以银行的身份为客户提供存款账目。在部分情况下，电子支票的存款账户有可能并无利率，所以能为第三方金融机构创造更多的收益。

⑤通过电子支票技术，公共网络实现了同金融支付和银行清算网络的沟通联系。近年来，一种叫作 Pay Now（即时支付）的电子支票服务逐渐兴起，由 Cyber Cash（电子货币）平台提供相关业务。

2. 电子资金转账（EFT）

电子资金转账（Electronic Funds Transfer，EFT）是电子平台资金传递方式的一种，具体流程通过主计算机、终端机和通信网络等电子设备以及信息技术来完成，主要特点和优势是快速和高效，一般被应用在总金额较大的资金实时转账业务上，尤其适用于大型企事业单位依托银行来完成的各类支付业务。

EFT 的业务类型主要包括以下 3 种：

第一，借助自动出纳机（ATM）完成付款。

第二，借助客户在银行的账目完成付款，方式是按月扣除。

第三，借助全球领域内各个银行之间的大宗款项传递完成付款。

其中，按月的账单或其他固定的支付款项是自动提取的，不需要用支票。其他两项业务则是通过开立支票来清偿债务，首先客户向银行提供一个电子清单，标明他们要付款的项目和收款方，银行把这个清单转换为可以进入现有银行间电子资金清算网络的数据格式，这个清算网络被称为自动清算所（Automated

Clearing House，ACH）。通过 ACH 网络处理的交易包括直接付款、电子数据交换（EDI）交易和其他有关的支付业务。

3.电子支票支付流程（Net Bill）

电子支票支付流程（Net Bill）是一种电子支票系统，一般用在销售信息。该系统包含着一个处理功能极强的计算机，负责记录多方而来的账目信息。根据 Net Bill 最为基本的交换协议，中心服务器的功能是记录账目余额以及有购买愿望信息的客户数目。在用服务器交换金融前，客户和中心服务器应首先交换签字的购买订单（接受了加密和数字化处理）。交换协议的意义在于防止客户在付款前提前获得想要购买物品的其他信息。

（四）数字现金型电子货币

1.Mini-pay

由 IBM（国际商业机器公司）平台开发的 Mini-pay（迷你付）系统为广大用户创造了一种新的模式——E-cash。此模式以 RSA（非对称加密算法）公共密钥数字签名作为技术支持，通过证书来实现各个交易主体的身份认证，电子货币证书的期限仅限于当天。E-cash 的应用范围主要是网络上一些涉及金额较小的交易。

2.CAFE

CAFE 是计划用于整个欧洲的电子现金系统，是由欧洲几所大学、研究所和企业联合开发的。CAFE 的主要支付手段有两种：Smart 卡和电子钱包。其中 Smart（目标管理原则）卡的支付要借助插入商家的 ATM 机或支付设备来实现，而电子钱包的支付是通过红外辐射设备与商家的支付设备进行通信来实现的。

系统在尽可能多的方面模拟现实中的现金系统。电子现金直接存在卡中或电子钱包中。此外，系统还能成功地处理来自不同的币种进行统一欧洲商务。电子钱包中存储的金额包括各种不同的币种，而且还可以基于协商汇率来完成不同币种之间的兑换。这些不同币种之间的业务如果能轻松地实现，将为该系统的发展起到很大的促进作用。因为安全性因素，纸币的处理费用是很昂贵的。一个本地银行总能把它收到的钱通过分发给提款的客户而使这些钱再进行流通，但外币则需要运送。

CAFE 的安全性依靠公钥加密，这在很多方面都非常的有意义，因为欧洲很多类似的 Smart 卡系统都是依靠私钥进行加密。然而私钥很容易通过窃听和反向操作被泄露。一个著名的事例是英国的付费电视系统，该系统仅运行了三年就被攻破。公钥加密系统要安全得多，因为只有公钥向外界公布，私钥部分被安全保存。就算有人得到一个 Smart 卡并设法取出存储器中的内容，他也得不到像中心机构那样的加密能力，仅能找出中心机构的公钥，而公钥在欺诈中是无用的。

3.Net Cash

美国南加利福尼亚大学的信息科学研究所设计研发了净现金（Net Cash）项目，作为一种新兴的电子现金系统投入应用。净现金系统的主要优势就在于其保密性能，操作都具有匿名性以及可标度，所以可以比较有效地防止伪造现象。但是该项目也有一个明显的缺陷，如果收款者不在线，则系统会面临很大的风险。电子现金在净现金系统中是具有一定顺序号的、经过银行签字的比特串来表示。净现金所具有的匿名性分为不同的等级，既能赋予某些跟踪客户的支付活动权利，也能反对和防止某些银行的跟踪。

第二节　电子银行

一、电子银行概述

（一）电子银行的定义

通过现代互联网技术，电子银行可向客户提供划一、多面、即时、保密的银行金融服务。此外还能为客户提供诸如跨国支付和清算等其他涉及贸易和非贸易行业的银行业务服务。

（二）电子银行的特征

在新时代的信息革命浪潮的推动下，金融电子化领域出现了电子银行这一全新的经营形式。依照如今的定义，电子银行主要包含以下几项特征：

第一，将当下高速发展的计算机技术和互联网通信作为物质基础，依靠在全球地区遍布的互联网开展。

第二，从根本上改变了原有银行业务线下操作形式，人们可以不再专门前往银行前台，从接柜开始重复烦琐的服务流程，而是随时随地依靠互联网完成银行业务。

第三，借助电子银行提供的服务，个人用户不但可以十分便捷地实现查询存折账户、信用卡账户余额及交易情况等目的，还可以在相关网络服务平台上实现各种社会服务项目费用的定期自动缴纳或者在网络平台上购物。

第四，通过电子银行服务，企业集团用户不但能查询本公司以及下属集团子公司账户的提汇款、余额、交易等方面的信息，还可以在网上开展电子贸易。

第五，网上支票的报告和查询服务也在电子银行提供的服务范畴，这些功能的主要目的在于为金融运作维持秩序，最大限度地降低国家和企业可能承受的经济损失。

第六，电子银行服务是为了保障客户的交易安全，会在自身的服务中结合许多先进的网络技术，银行业务的持续网络化不但有助于保护用户、商户和银行三方主体的利益，还能更加严密地提防商业罪犯的诈骗和黑客等行径，使网络犯罪分子无可乘之机。

二、电子银行的发展

（一）电子银行是家庭银行发展的必然趋势

从 20 世纪 70 年代直到今日，银行电子化服务共经历了三个阶段的发展历程。

第一阶段，1970—1979 年，这一时期，电话银行服务还处在起步阶段。不过，早在 20 世纪 70 年代之前，就有许多美国大型银行尝试研究和开发"电话银行"，同时还提出了"家庭银行"的概念，并为此投入了极大的精力和成本。家庭银行指的是让客户足不出户，随时随地就可以享受和银行柜台同等的服务。在这一阶段，家庭银行的模式仍然以电话银行为主。

第二阶段，1980—1989 年，这一时期，电脑端的家庭银行得到了明显的发展和推广。20 世纪 80 年代，有两种家庭银行模式在金融领域内相继出现。一种来自银行自身,是针对客户需求专门设置的银行接口软件,在客户私有的电脑上即可安装。在电脑上连接专有的调制解调器后,客户便能与银行的家庭服务主机实现连接,将银行作为与个人账户相通的电子网关。通过电脑家庭银行,客户既能够在账户之间转移资金,也能直接向收款方的账户支付一定数量的金额(图6-2-1)。

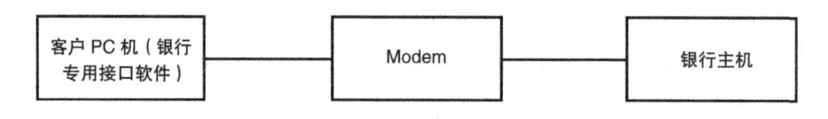

```
客户PC机(银行专用接口软件) —— Modem —— 银行主机
```

图 6-2-1　银行专用软件家庭银行模式

第三阶段,1990年至今,这一阶段,电子银行呈现出繁荣发展的局面。受到互联网技术和家庭银行业务快速演变的影响,20世纪90年代,原有的各类家庭银行模式已经逐渐被电子银行所取代。各大商业银行软件的开发公司不断向客户推出以互联网技术为依托的、面向个人提供服务的财务软件。在原有的互联网基础之上,Internet(因特网)公司和微软公司都推出了更新版本的技术支持。1995年10月,美国的亚特兰大出现了第一家现代定义上的电子银行——安全第一网络银行(Security First Network Bank,SFNB)。相较传统的实体银行而言,电子银行的管理和维护都更加方便,还节省了线下场所、自动柜员机和传统的家庭银行所带来的烦琐开销,客户可以通过私人的计算机网络终端来实现自己的银行服务需求(图6-2-2)。

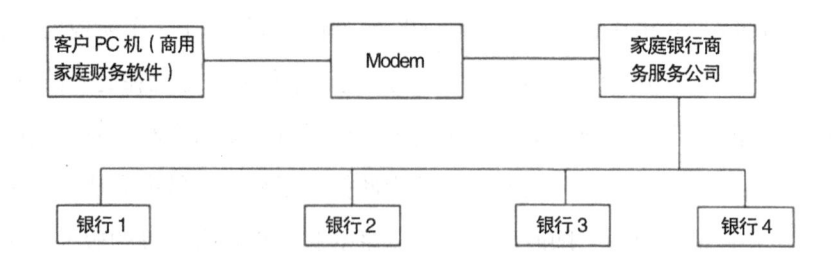

```
客户PC机(商用家庭财务软件) —— Modem —— 家庭银行商务服务公司
                                        ├── 银行1
                                        ├── 银行2
                                        ├── 银行3
                                        └── 银行4
```

图 6-2-2　商用软件家庭银行模式

（二）电子银行受到客户的认同

由于电子银行服务的方便快捷使客户能打破时间和空间的约束、随时随地享受不间断的便捷服务，电子银行在面世不久后便在传统银行的客户之间赢得了极其广泛的市场，前景可谓一片光明，这无疑为行业内的人员增添了信心，也进一步促进了相关业务的推广和发展。

三、电子银行的功能

（一）传统商业银行的业务功能

如果我们要阐释电子银行的功能，首先要厘清传统商业银行的业务内容。传统的商业银行主要提供五个方面的业务分别为零售、投资、信托、国内批发和全球批发。

零售业务：针对个人的贷款和汇兑，面向个人和其他团体的储蓄。

投资业务：为各企业提供贷款服务。

信托业务：代管以及运作资金。

国内批发业务：国内各家银行之间的资金往来（例如结算和清算）和交易往来（例如拆借）。

全球批发业务：也就是人们常说的国际银行业务。

（二）电子银行的功能

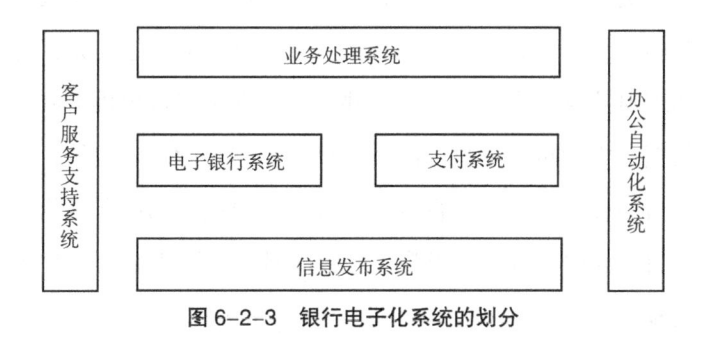

图 6-2-3　银行电子化系统的划分

1. 银行业务项目

个人银行业务：包括网上开户和清户、电子转账、兑现票据、网上查询账户余额、查询交易明细、查询利息等。

对公业务：包括协助集团查看账户余额和历史经营情况、核对账户、支付员工工资、在不同账户之间完成资金流转、了解支票利益的情况、将账户信息导出至空白表格、展示并打印各种表格和报告（包括余额汇总表、银行明细表、历史平均数表、付出支票报表、详细业务记录表、每日资产和支出表）等。

国际业务：包括所有通过网络手段实现的资金汇入和汇出。

多种付款方式：包括提供数字现金、IC 卡、电子支票、智能卡等付款手段。

网上信用卡业务：包括银行主动向持卡人发送电子邮件、信用卡授权和清算、网上申办、查询信用卡账单信息等。

信贷：即个人或企业通过网络平台来查询贷款利率、申请贷款，银行提供信贷的主要依据是来自用户过往的信用记录。

特色服务：此类服务会因不同电子银行的经营理念和条件而有所区别。一般来说，银行可能提供的是免费下载金融管理软件、借助互联网平台向客户直接推销本公司的新金融商品类的特色服务，同时也通过这些服务来发掘更多的潜在客户。

2. 商务服务

商务服务的具体内容有投资理财、资本市场、政府服务等。通过网上投资理财服务，银行能更好地实现"以客户为中心"的经营策略。现阶段，投资理财的方式主要分为两种：包括客户主动型和银行主动型。前者主要是让客户自主查询自己的账户和理财信息、金融信息等，并且可以利用银行提供下载的分析软件帮助自己分析数据，之后再根据自己的实际情况和需要做出的决策，达到自己的各种指定目标。另一种方式是，银行首先将针对客户进行的服务视作一个连续进程来处理，让专门的数据人员负责跟踪，之后根据得到的结果进行理财分析。

3. 信息发布

信息发布具体包括汇率、储蓄利率、银行信息、证券行情、国际金融信息、国际市场外汇行情等。就当下的实际情况而言，电子银行涉及的任务主要是客户与银行之间存在一定关联的部分，包括信用卡、个人银行、对公业务等。

四、电子银行的相关技术

（一）基于浏览器的访问

当下，电子银行最普遍的方式就是建立在浏览器访问的基础之上，这种方式的原理主要在同客户自助服务的有机结合，可以满足大部分客户的需求。

（二）电子邮件

电子邮件也是一种应用范围十分广泛的方式。在开发电子邮件系统的过程中，企业需要关注和处理以下几个方面的问题：

第一，是否应该借助指定的电子邮件种类。

第二，是否应该调动加密或授权权利。

第三，电子邮件的发送和格式标准。

第四，图像的处理和安排。

第五，关于接收、分派和处理电子邮件的规定。

第六，共享邮箱和个人邮箱的应用规则。

第七，是否应该将电子邮件和附属文件作为公司内部的合法通行文件。

五、电子银行的发展战略

（一）电子银行与银行发展的总体战略

把电子商务变成现实是需要远见的，银行必须要考虑以电子银行战略为基础的发展策略，重新规范业务的开展原则，并且在网络环境这一大背景下制定参与竞争的详细规则（其中涉及的问题包括究竟是将客户还是产品作为企业发展的中心环节）。另外，银行还要为自身的未来发展制定合理的科技发展计划，并且在以网上银行为中心基础的战略计划中正式纳入这些计划。

（二）优化银行组织的调整

面对当下竞争激烈的网络商业环境，一家银行如果想要实现长久的发展，不仅需要尽可能迅速地融入网络市场，还需要更加主动和迅速地调整对策。银行应该发展和革新组织机构的经营理念和企业文化，让自身更好地适应瞬息万变和包罗万象的网络世界。

（三）明确电子银行的客户定位

电子银行在客户的定位问题上应该明确面向的客户种类。只有在这个方面树立了准确的观念和认知，才能明确在未来的经营中要为什么样的客户提供什么样的金融服务和银行产品来明确自身应当完善的各种功能。银行需要根据自身具有的优势来确定客户的具体类型。通常情况下，电子银行的业务范围可以覆盖全国乃至全球，客户是分布在世界各地的企业与个人。

第三节　网上证券

一、网上证券概述

（一）网上证券发展的原因分析

以因特网为代表的信息网络的发展推动了网上证券的发展。网上证券的发展需要接入更加便捷且使用较为普及的因特网。互联网技术的日益成熟为证券行业开辟了更为广阔的发展空间，众多的金融证券类网站纷纷涌现，并且将网络与证券行业的结合推向极致。经济史上最早和最广泛地应用新生信息技术的行业一直都是证券投资，如果分析其业务内容，证券投资业务和网络平台的相适程度也非常高。互联网在线交易方式加速了金融证券交易方式的革命，金融资产的流通、支付、交易手段以及证券信息环境、运作模式、竞争格局，包括股票的发行模式、交易模式、清算模式也都发生了巨变。

网上证券以高效率、低开销、高收益和全球性的特点，赢得了竞争优势。网络证券具有交易成本低全天候交易、即时成交、信息透明和全球化的特点。网上证券的服务优势包括公平、公开、公正、高效、高质、低成本，可以说从根本上改变了证券市场的含义，也因此在许多国家政府和企业之间获得了重视。在这样的前提下，证券商要想吸引更多潜在客户的关注，就必须打造自身独一无二的网上证券公司品牌，证券经纪人也应该实现从传统服务到提供一对一咨询和个性化分析服务的全面业务转型。

网上证券有利于股民更加轻松地利用电子手段操作股票，为广大股民提供了一种更为方便、先进的交易方式。在网上证券活动中，网上投资顾问的作用将越来越明显，也推动了网上证券的发展。

（二）网上证券对证券市场发展的影响

1. 网上证券促进证券业经营理念变化

在未来，人们不会将宏大雄伟的营业建筑作为证券公司实力的象征，也不会把金碧辉煌的营业大厅看得神秘庄严，证券公司凭借单纯的扩张规模形式来扩充自身影响力的时代已经一去不复返了。在新时代，博得大众瞩目的将是掌握了最新信息化成果的公司。企业只有为客户积极地贡献各种实用的金融服务才能获得更多青睐，如投资咨询、理财代理等。为此应该大力发展与企业并购重组、选荐上市、境内外直接融资等业务相关的投资银行功能，并将作为公司的主营目标，努力寻找和培养潜在的客户群体。

2. 网上证券促进证券业营销方式的变化

网上证券的一大优点在于，证券营销人员不必再为了寻找和争取客户去四处奔走，而是把更多的精力放在站点经营和网络营销上，为公司节省更多人力资源与成本。业务人员可以凭借网络来征求客户的需求与建议，并从客户给出的需求出发，制定相应的营销策略与模式，之后再通过网络途径向客户反馈自己的优势和能创造的各种服务，从而实现自我宣传、自我推销的目的。

二、网上证券的运营平台与业务形式

（一）网上证券的运营平台

从现有的网络技术发展程度和形式来看，网上证券业务将通过一些网络平台顺利开展。

1. 有线网

有线网这一概念共包含两个部分：包括因特网和有线电视网。现在，因特网已经能向人们提供网上证券等相关服务，而有线电视高速网络也正处在不断的普及和发展过程中。

2. 移动通信网

随着移动通信工具技术的不断发展，技术人员已经基于 WAP 通信协议开发了许多更加新颖的电子商务功能。例如，根据《证券时报》2000 年 3 月 14 日的报道内容，在辽宁证券深圳营业部，中国证券商务网的"赢时通"已经开通了一组网上交易系统，可以让客户通过手机途径炒股。此外，报道还提到，在 2000 年的 5 月，中国移动通信已经全面开通了一系列手机增值服务，其中就包含有手机炒股功能。

3. 无线网和卫星网

网上证券的运营平台除了上述两种网络之外，还有两个较为重要的运营形式，分别是无线网和卫星网。这两种网络都已经达到了提供资讯服务的目的。它们接下来还会推出更为全面、更加深入的网上证券功能。

（二）网上证券的业务形式

1. 网上证券交易

网上证券交易本质上是一种业务系统，它的基本概念是：通过综合网络资源（其中包括互联网络、移动通信网、声讯网等），证券投资者可以获取多方位、多角度的个人证券服务。可以说，它为银行客户创造了一种新型的关系。目前，在电子商务行业极其兴盛的美国，网上证券交易已经开始在越来越广泛的范围内被人们所接受。截至 1999 年 6 月底，原有的证券投资者中已经有三成参与了网上交易的行业。不仅如此,国内的网上证券交易也已经得到了较大范围的推广,自1997年起,国内共有超过200家证券经营机构实施了试验的网上委托业务。

2. 网上资讯、咨询、投资顾问与投资经纪

根据所提供服务的具体内容,网上的投资顾问和投资经纪可被分为以下3种:

(1)一般性股评、市场分析报告类

此类顾问经纪向用户提供的股评和市场分析内容不仅是完全免费的,而且还是全面公开的,它一般会借助网上浏览和发送邮件列表的方式来公示信息内容,所展示的内容大致是免费的。

(2)有偿提供行情或市场评述类

如其表述所示,此类顾问经纪提供的股评和市场分析内容采取会员制组织形式,用户要支付一定的费用才可获取信息和服务,这些信息不会向会员以外的人公开,网上投资顾问一般会通过让用户订阅付费邮件列表、网络加密浏览、开设加密聊天室或论坛等形式来提供有效信息。如果以提供有偿服务的眼光来看这类顾问经纪,同样可被划入网上证券的领域。

(3)投资经纪

此类顾问经纪的主要服务内容为代客投资,也就是在接受了客户的委托后,代理其完成实际的操盘活动。所以,因其服务性质的特殊性,投资经纪的业务在正式开展之前,参与的双方必须先签署拥有足够法律约束力的内容,要全面、细节完整的合同。投资经纪有许多类型的收益保障和利润分成方法。在大多数情况下,会有专业的投资顾问公司负责承接这类服务。随着信息技术和大众投资理念的不断发展,网上投资顾问的相关概念也不断地发生着演变和更替。此外,陆续出现的网上证券公司也为网上开展的各种投资顾问服务行业拓展出了新的发展方向。

3. 其他形式的网上证券业务

在以证券形式为网上社区提供投资时,除了可以通过上述几种形式的网上证券外,还可以借助其他形式的网上证券来实现。现在我国比较可靠的证券形式有3种:第一,销售证券行业的产品;第二,通过网络渠道推广和发行上市公司;

第三，提供辅助投资服务，主要涉及外汇、期货等功能。

三、网上证券类网站及其经营模式

网络信息的选择是网上证券发展中需要解决的重要问题。在浩如烟海的信息世界，想要不浪费时间发现那些对自己有用的信息，好的证券网站在网上的证券投资顾问将起到非常重要的作用。浏览国内证券类网站，投资者可以获得这样的印象，股市及经济信息不仅数量巨大、时效性强，而且用于查询的数据库组织得也比较好。

随着各金融证券网站不断发展，当它们逐渐形成各具特色且成熟的商业模式与运作方式后，再配以相应的法律法规，证券市场上的各个主体将会在网上相遇，这种革命性的变革，必将会给中国证券市场带来深远的影响，而券商、投资者、企业将面临极大的机遇与挑战。

券商的介入使得网上空间与证券市场进一步结合，国内一批网站在积极探索其向前发展的路径：和讯、证券之星、深圳盛润、金融街、上海易富等都在寻找具备自身特色的运作模式。

随着国内网上证券市场的迅速发展，国内证券类网站群雄并起，据不完全统计，目前国内证券类专业网站已有数十家，其中在国内投资者中较有影响力的网站为20余家。

（一）网上证券类网站的细分

分析国内证券类网站的现状，我们可以按照网站主办者的性质将其更加详细地分为以下3类：

1. 官方网站

目前中国证监会、上海及深圳证券交易所都开通了自己的网站。尽管这些网站在服务内容不及资讯类证券网站，但由于主办者的特别身份，使网站信息极具权威性。上海证券交易所的网址为http：//www.sse.com.cn，深圳证券交易所的网址为http：//www.sse.org.cn。

2. 信息类网站

目前这些信息类证券专业网站以及股票实时交易价格、即时曲线图、市场点评、上市公司资料及炒股技巧等为主要内容。实用型的证券类信息网站，可以被看作证券行业门户网站。新开通的这类网站开始带有较强的分类检索功能，能方便投资者查询所需要的信息。同时，它们也开展广告服务。立足网站主办者角度，目前国内信息类网站主要分为两类：一类由国内的各大证券交易商建立；另一类由一系列证券研究机构建立。就所提供的信息服务功能上看，证券研究机构建立的信息类网站，无论是栏目设置还是内容更新均比证券交易商建立的网站略胜一筹。

3. 个人网站

受到资金等方面问题的影响，国内当下金融环境中的个人证券类网站并不多，而且大部分都是证券导航型网站，它们的主要服务项目都是为用户提供国内证券类网站的搜索链接。

（二）国内主要证券类网站

1.《中国金融在线》（http：//www.CF99.com）

1999年10月，国内的多家金融证券资讯网站、软件公司以及其他单位，通过相关资源出资，协同发起并成立了《中国金融在线》（http：//www.CF99.com）网站，北京东方网业网络技术开发有限公司负责承担网站的后续建设工作。我们可以认为，《中国金融在线》随着网上证券行业的发展应运而生，是我国第一家借助现有的网络和软件资源实现组建的大型证券资讯服务网站。

《中国金融在线》为自身的发展树立了全方位覆盖金融投资的各个领域的长期的目标，在证券资讯、分析与交流方面优势比较突出。《中国金融在线》的具体目标是建设贴近股民的个性化证券投资交流社区，并开展相关行业产品的电子商务。

《中国金融在线》向股民开展多方位的免费资讯服务，同时开展网上交易代理、证券分析与决策软件代理、付费资讯服务等网上证券服务。

2.《中国证券网站联盟》(http://www.CsUnion.com)

该网站成立时间为1998年末，在设立之初，其主要目的是同步宣传和推广包括证券、金融、投资类网站和资源（包括上市公司的网络站点）等在内的各种信息，实现共同督促、共同进步，并且为联盟成员之间的沟通和资源能即时共享提供更多方便，合作解决网站完善过程中遇到的各种困难。加盟中国证券网站联盟的有数百个金融证券类站点。另外，网站还和许多有较高信誉的公众媒体开展了多方面的战略合作，包括上海证券信息公司及《上海证券报》等、深圳全景网络及《证券时报》。联盟除了对成员站的一般性宣传之外，还组织全国范围的证券类优秀网站评选，对成员站的推广起到了一定的促进作用。

针对上市公司纷纷触网的情况，《中国证券网站联盟》专门开辟面向上市公司的专栏。《中国证券网站联盟》的建设目标是成为证券行业中相关领域的大门户，并面向相关领域开展B-to-B（企业与企业间的电子商务模式）形式的网上证券。

3. 和讯财经网（http://www.homeway.com.cn/）

和讯财经网的创办方是中国证券研究中心，是我国最早出现的证券类网站。提供的主要服务是证券及国内外的金融信息服务，大致由以下几个栏目构成：财经新闻、股市实时行情、实时股评分析、和讯投资、外汇频道、债券专刊、证券报刊的电子版等。

4. 证券之星（http://www.stockstar.com/）

证券之星在我国也有着相当久远的创办年代，是具有开创性意义的证券类网站。该网站在我国全体股民，尤其是南方股民中发挥着十分深远的影响力，因为它能凭借极快的速度汇报股市的实时价格行情，并且进行较为详细的数据分析。其中大体包含以下几个栏目：股市实时行情、实时股评分析、图表分析、股票跑马场、股市历史交易价格数据和上市公司资料查询等。

5. 易富网（http://www.eefoo.com）

该网站由上海金汇信息系统有限公司主办，除了在上海建有主站点外，还在北京、南京、成都等城市建有分站。它提供个性化服务，并且开通了网上交易系统。

（三）我国证券类网站的经营模式分析

当下我国的各种证券类网站，若仅从服务功能看，仍然主要担当信息媒介的角色，为用户集中创造金融证券信息服务，其中包括股价 K 线图和技术的曲线分析、上海及深圳市场股票实时行情和分析、证券信息的即时查找和金融信息资源的电子导航。

不过，随着国内互联网技术的发展，1999 年我国已经出现证券类网站，开展股票在线交易。

由于市场定位基本相同，为提高网站的竞争能力，国内证券类网站大多为免费金融信息服务，同时进行各个方面的尝试。目前，证券网站用来吸引大众的利器主要有以下几种：

第一，提供个性化定制服务。由于目前国内上市股票总数已经近千种，为提供更准确的服务，许多证券类网站纷纷开始实行个性化定制服务功能，重点营造自身的特色："赢时"通提出"让信息家电化"的口号；华鼎财经网则提供"全面、准确、快捷、实用"的信息；资讯网强调对证券市场与上市公司的资源开发，深圳盛润则提出"专业、易用、安全"的设计目标。网站的百家争鸣，为广大的投资者提供了一个更为开放透明的投资环境，也为券商扩大业务，发展远程客户开辟了空间。

第二，邀请知名股评人士为公司在网站上编写专栏，并且充分发挥互联网实时高强度信息交流的优势，在股票交易中扮演参谋性质的角色，让网站吸引更多潜在用户。

第三，为股民提供更多线上交流的场所，鼓励股民在网络环境中自由地表达自己对当下股市行情的见解和观点。网上模拟炒股大赛活动也是如火如荼，成为股市文化中一道灿烂的风景线。

第四，各网站的数据库是体现证券类网站应用价值的最好工具。设计者需要预先在对股票信息需求进行整合的基础上，将这些信息加以细分并存储在数据库中。因涉及的方面比较多，前期的系统分析和日常维护任务非常繁重。

四、网上证券投资的计划与步骤

（一）产生投资想法

因特网能帮助客户产生很好的投资想法。在办公室里进行的谈论和在图书馆里看一本书所获得的启发都有助于客户产生特定的投资目标和投资策略。与此相同，浏览在线论坛或新闻网站也能做到这一点。新闻网站的新闻通讯好处在于能给客户提供某些特定股票的信息，而市场报告则能很好地说明一个新兴产业的发展方向。

（二）确认投资工具

有了投资想法或策略后，下一步就是确认合适的投资工具。最简单的选择方案是股票或期货。如果对更广泛的主题或市场感兴趣，那么选择基金可能更加合适；如果对海外投资感兴趣的话，选择的可能性还包括直接在外国的股票市场、ADR（跌涨比率）市场（如果存在的话）、外围基金市场或贸易合作组织期权指数上进行投资。

（三）投资研究

在这个领域，因特网可以提供许多有用的东西。然而，因为有很多资源可以利用，所以问题的关键是确认最合适的资源。假设客户对一特定公司感兴趣，可以利用一些专业调查数据库，如美国的 Hoover's lacks。如果客户想检查某些新闻背景，可以检索类似 WSJ Online（华尔街日报）、FT Online 和 CNNFN（美国有线电视新闻网）这类的搜索引擎网站或者地方新闻报纸。客户也可以检索像 PR Newswire（美通社）或 Business Wire（美国商业资讯）这些媒体的搜索引擎网站，或者检查涉及股票的新闻简报。

对特定股票来说，有一些核心网站（如关于技术股的 Silicon Investor（硅投资者））可以提供信息。公司则越来越趋于建立一个自己的网站提供金融信息。如果客户想很细致地做一些研究，可以用搜索引擎检索任何网页上所涉及公司的内容，Deja News（专门用来搜索新闻组的搜索引擎）则可以被用来检索新闻组中提到的所有内容。

（四）投资核实（欺诈检查）

目前对投资者来说，这个领域可能是因特网上开发利用程度最低的领域，希望在将来能有所变化。目前最好的网站全部位于美国，它们都有比较好的一般性建议，但是对美国之外的投资可能不会有太大的帮助。将来应该按照规则建立起"欺诈登记"（由政府和私人机构运作），投资者在那里可以检查投资对象和中间人的诚实度。目前，要想检查有关投资对象或中介机构的评论，最好的选择还是利用因特网上的通用因特网检索工具或新闻组。

（五）发出投资交易指令（Investment Transaction）

如果对所做的研究比较满意，就可以发出实际的交易指令，开始交易。如果客户要寻找一个合适的经纪人来进行交易，当地的交易所常常会有成员的列表可供选择。

五、我国网上证券业务的发展与管理

（一）交易撮合"无纸化"

截至1991年底，我国的两大主要证券交易所——上海交易所、深圳交易所已分别成功开发了"交易撮合系统"和"登记结算系统"。这两个交易系统正式投入运行后，代表着我国的证券交易市场已经实现了由人力竞价向电脑自动整理、由分散过户到集中登记计算、由实物交割到电子档案登记的完整转变，原有的证券交易方式从"有纸化"向"无纸化"顺利转型。这一系列的根本性转变不但实现了证券交易在效率方面"质"的飞跃，也成为中国网上证券行业的起步和发展创造了最基本的条件。

（二）证券交易"异地化"

截至1993年，"卫星证券通信网络"已经在我国的上海、深圳两个证券交易所相继成立。通过该通信网络，用户在国内的任何一个区域、任意一个角落都可以随时接收两大交易所的即时行情和交易信息等，该成就标志着全国范围内的证券交易市场在我国的初步建立。

（三）交易席位"无形化"

1994年之前，各地的证券交易大厅一直都呈现出热闹非凡的景象，但在1994年上海和深圳交易开发"无形化电子交易系统"之后，各交易大厅的人员来往便逐渐趋于稀少。相较于传统的政权交易模式而言，电子交易系统不但为业务人员和客户节省了一系列的中间环节，缩减了报盘用时，还实现了交易成本的压缩，并降低了政权交易的潜在风险。此外，电子证券交易还能极大地克服诸如"大户优先"的市场弊端，这符合"公开、公平、公正"的市场原则。可以说，全球证券市场的发展趋势正是这种"无形化"的交易形式。

（四）资金清算"电子化"

上海和深圳两个交易所在1998年5月份后相继推行了"证券资金法人结算"制度，具体内容为：将法人作为单位，在两地登记公司通过券商实施开户业务并办理清算。在法人结算流程结束后，法人券商、证券登记结算公司和结算银行就算完成了联网运作，不再通过原有的纸质凭证单据来完成证券资金的转让和交割，而改用联网方式进行操作，自动完成电子数据（指令）交换。这一创举不但标志着我国的证券资金清算方式正式进入了前所未有的"无纸化"时代，还对金融业整体的电子化进程产生了不可小觑的推动作用，带来了极其深远的影响。

（五）委托方式"多样化"

证券经营机构如果想持续提升工作效率、降低工作成本、扩大业务客源、拓宽保险市场，就必须不断地调整和更新自身建构的证券交易委托系统。近年来，交易委托方式不断发生着变化，由最初传统的柜台手写委托发展到条码委托和电话委托，再发展为远程终端委托和网络委托，途径越来越多样化。当前，各大交易机构的券商又开始同银行进行合作，陆续开展股民保证金转账托管业务，并且通过各种类型的现代化媒体——电信、电视等，在证券交易市场中融入了电子商务的概念，持续革新和更替着交易手段。随着计算机技术的快速发展，现代化的计算机网络已经能实现在同一系统中整合联通银行、券商和交易所等部门，将其整合为一个有机整体，为网络用户创造一个功能多样的证券交易整合服务网络，在市场竞争中打造一个多方位、多效用、多视角的立体化运营空间。

第四节　网上保险

一、电子商务下的保险业创新——网上保险

在电子商务行业蓬勃发展的背景下，网上保险业务逐渐脱颖而出，成为保险行业创新发展的产物。保险公司在发展电子商务的同时，不但可以借助网络途径实现与成千上万的新客户直接联系，还可以随时随地联系老客户，向其提供详细的全方位服务，并且同其他相关行业实现密切的交流与沟通。通过信息网络开展合作，从源头上实现业务流程的精简，进而降低运营成本，为企业增加效益、提升业务效率。电子商务能为保险公司创造多方面的收益。对于保险公司的客户而言，电子商务能在很大程度上帮助其摆脱时间和空间的约束，客户不论处在何时何地，都可以随时享受每周七天、每天二十四小时的无差别服务。如果客户有足够的时间和精力，还可以通过比价和分析各家保险公司的网络平台给出的险种信息，做出更全面、更理性的判断，最终为自己选择最为适合的保险产品。

保险电子交易是网上保险要实现的最终目标，就是利用网络渠道完成各种保险业务流程，包括投保、核保、给付、理赔等。不过，保险公司在实现这一最终目标的实际操作过程中，往往需要从外在条件和自身的实际情况出发，确立循序渐进的、分阶段实施的业务规划。例如，从最简单的企业宣传入手，逐渐发展为网上营销，再进一步建立起有较强可操作性的网上保险公司。如此一来，在分阶段规划电子商务具体业务内容的过程中，保险公司不但可以充分发挥现有的各种技术资源优势，还要尽可能降低部署电子商务的投入成本，从而使其更加切合地适应企业本身拥有的技术水平，避免企业经营一次性改造性质的业务过程中潜在过度的冲击和震荡效应，还可以保证在电子商务的任意一个应用阶段都让企业充分收获其应有效益，从而使企业不断对电子商务深入认识、增强信心，实现建设投入、应用效益提升的良性循环，最终建立起完整的网上保险公司系统。保险公司在借助电子商务开展业务方案的过程中，可以从两个方面收获补偿，即借助技术应用的成本来减少传统经营模式下固有的成本开销，并为公司创造更多更新的收益机会。

已经有越来越多的保险公司在互联网的推广浪潮中认识到了网络对保险行业而言所蕴含的无限商机。网上保险已经逐渐发展成为一种全新的公司经营理念和商业运作模式，具有许多传统保险营销所无法实现的优越性。近年来，大量通过网络信息手段为客户提供保险咨询并开展保单销售业务的网址在欧美国家涌现，网上投保量也开始激增。

二、网上保险系统的建设

（一）网上保险公司的互联网建设

1. 接入子网

接入子网的主要功能是协助企业内部网用户顺利访问因特网，以及为移动计算（Mobile computing）提供支持。路由器是子网的核心组成部分，可以完成部分过滤流程以及从地址转换模块到合法 IP 地址的转换。但是，因为目前仍然缺少合法的 B 类/C 类地址，所以企业网内部及移动用户使用的仍然是私有 IP 地址。对具备相应条件的保险公司业务员来说，接入子网支持移动计算的优势具有较大的意义，因为它可以协助业务员借助笔记本电脑连接到公司承担业务处理功能的服务器。

2. 服务子网

服务子网的主要功能在于为客户提供信息服务。从这个角度来说，它在物理条件上和外部站点的建设有相通的成分。服务子网的功能内容具体包括：域名服务、目录服务、代理服务、外部站点镜像服务、外部邮件和消息服务等。域名服务器的用途主要包括以下 3 个方面：第一，协助内部网络获取和解析因特网域名；第二，协助内部网络获取和解析其他内部网络的域名；第三，在不违反现有安全策略的前提下，协助因特网获取互联网服务器的域名，并且对其进行解析。

在域名服务的构建初期，程序员可以借助单域名服务器、域名命名，并在管理过程中应用树型分级结构。如果网络结构足够成熟，则可以改为双域名服务器，借助一个 DNS 来解析内部名字，另一个 DNS 用来解析外部名字。另外，还可以通过双域名服务器达到限制外部 DNS 的可用内部主机有入口数量、防止其他外部 DNS 查询内部 DNS、公开展示内部 DNS 对外部 DNS 的查询等目的，从而确保内部名字不暴露在外部用户的查找下。

目录服务可以实现的主要功能包括以下 4 个方面：第一，打造统一的用户库协助各服务器的常规管理；第二，向应用服务器提供有价值的用户信息；第三，帮助互联网用户获取内部目录相关的信息服务；第四，提供分布式的目录服务。

代理服务可实现的主要功能包括以下 3 个方面：第一，向互联网用户提供因特网代理服务，遵循 http、Ftp、telnet、gopher 的协议；第二，向地方分公司提供访问专业子公司、集团公司以及分公司等集体的代理服务；第三，其他一些网络安全措施。

3. 内部子网

内部子网在互联网中处于核心部分，它负责向保险企业提供以下 4 个最为重要的信息平台：第一，保险企业内部通用的公众通信平台；第二，保险业务部门内部的数据处理和咨询平台；第三，企业通用的信息发布平台；第四，管理平台。本书在这里以车辆保险业务部门内部的数据处理和咨询平台为例，对数据查询平台的部分效能用途做简要阐述。

因为汽车的零部件种类和产品品牌都数量庞大，所以在车辆保险业务所涉及的财险车险中，业务人员会面对一个非常棘手的问题：如各地对同种汽车配件的称呼和报价往往是不一致的。在当下我国的车险市场中，处理车险核保以及出险理赔时，保险公司主要借助人工或各地独立的汽车配件报价系统来查询具体细节并予以确认。假如处理该情况的是业务地域范围更大的大型保险集团，则可以通过互联网来建立系统性的、有广泛应用价值的车辆零件数据分析库，借助数据库和 Web 技术及时处理和分析配件的图片和详细信息，在互联网上构建智能化程度较高的汽车资料库，以供各地的分支机构借助互联网实现车辆信息即时查询，并且提供统一的行业标准，从而实现精准适度的保险理赔。

（二）因特网上保险站点的建设

1. 宣传模块

大型保险集团 CI（Corporation Identity）建设的重要内容之一就是在各大主

要网络站点申请国际和国内域名，以及在互联网上开展企业形象宣传工作。因特网是一种共享网络，具有跨空间、跨领域、跨职业、跨阶层等特性，其作为一个公众平台，向大众展现保险公司自身的组织架构以及业务经营水平的功能是非常强大的，其他宣传媒体在为企业提升形象影响力、提高国际知名度等方面都无法与之相比。

2. 客户查询模块

客户查询模块主要包括险种查询单元、客户信息收集/反馈单元以及客户FAQ（Frequently Asked Questions，常见问题解答）单元三个部分。其中，险种查询单元的内容是：保险公司将自身销售的所有险种向大多数客户开放，把相关信息在网络上公布，以方便客户随时查询分析，通过比对后选择适合自己的保险种类。客户信息的收集和反馈单元内容是：客户将自己在选择险种或参保过程中所遇到的问题提交到保险公司的相关部门（可以填写保险公司向客户提供的评价表格，或直接以电子邮件的形式来完成），保险公司经由收集和分析这些信息的过程来了解潜在客户群体的参保意愿及建议，便于决策部门和业务部门根据所获得的信息及时调整和补充相关策略。大量客户普遍关心的共性问题，公司可以给出一个系统全面、明白易懂的解答方案，之后将其发布到公司网站上，为客户提供信息方便，另外也可以节省相关部门处理相关问题的时间和工作量。

3. 客户意向和确认模块

客户意向和确认模块主要包括投保指导单元和投保确认单元两个部分。其中投保指导单元的流程可以借助编写一组表格来完成，编写表格的主要依据来自从大部分普通保户的需求中总结出来的统一特点，让客户可以在多项条件之间按照自身的实际需要做出更加灵活的选择。在比较和分析各种条件后，在网店后台给出的险种数据库中挑选最符合自身情况的险种。而投保确认单元主要功能在于帮助保险公司和用户取得即时联系，假如用户希望从建议的险种中选择一些程序较为简单的、投保条件相对宽松的险种来购买，则可以让保险公司通过网络途径提供电子保单，填写之后再通过电子支付的方式缴付保费，或者让邮局帮助缴费。之后，保险公司同样可以以电子邮件或信函的方式向用户确认收到付费。

但是，如果客户参保的险种是投保条件比较严格的类型，那么保险公司最好派专门的营销人员提供上门服务，在处理一些提出特殊要求和新投保需求的用户问题时，公司可以对这些要求进行归纳总结，之后再分别处理，这当中具有一定可行性的需求还可以协助保险公司组织开发新的险种。中国保险监管部门对承保条件给出了相关规定，不允许保险业务进行异地承保，而互联网的经营模式又具有跨地域性质，因此它势必会给依靠互联网开展业务的保险公司带来保险监管制度约束下违规经营方面的风险。针对这一问题，如果是在同一所保险公司的内部，则可以委托对网络用户提出要求规范当地分支机构来承保，但是这个过程中还涉及本地以及公司内部的利益划分问题，而且在保险公司站点建立的初期，这些问题都不是仅凭信息技术手段就能全部解决的，必须通过行政手段加以干预，该流程较为复杂，本书不在此处阐述。

4. 防范模块

防范模块可以分为典型案例单元及营销员管理单元两个主要部分。其中典型案例单元核心内容在于通过保险公司来提供一些较有参考价值和借鉴意义的案例，例如一些有过程详细记述的骗保骗赔、人情理赔、营销诈骗案例等。这些都可以向同行企业展示，作为参考和警示。此外，因为保险公司往往会组织数量庞大的营销人员团队，而这些人员的素质参差不齐，所以公司有必要统一精确地管理营销员的必要信息，并且借助数据库管理的力量。如果保户有足够的技术条件支持，还可以通过网络手段辨别和确认上门的营销员身份，对其进行实时资格认证。因为保险行业具有一些较为特殊的行业特征，所以该行业推广网上业务时也可能遇到各种各样的问题。例如，要借助网络手段实现针对高额投保的核保手续或保户出险后的现场验查、定损、理赔等流程并不现实。随着有关企业的其他保险公司以及相关领域的网络信息化建设在未来的持续发展，我们依然可以设想和期待寄托于互联网完成较为复杂的业务流程，如不同公司间的高额保单分保、通过电子邮件来发送和接收的医院体检给出的健康告知书、保户在运行和维护手段成熟的电子银行上缴纳保费等。更不必怀疑诸如 Extra net 和 EDI 的网络技术与服务会在未来不断走向成熟和完善，为大量保险公司创造全新的运营手段和前景。

不过眼下，这些技术和真正完备的电子银行系统之间还存在难以抹平的差距。现在，全球范围内只有1%的保险业务是借助网络来完成的，这其中的主要原因在于当下互联网世界的安全性仍然不足以支持保险业务要求的安全性，加密技术、防火技术、管理措施以及相关法规的严谨程度仍然有待提高。

（三）网上保险系统的建设规划与推广

1. 市场定位和保险营销主页的制作

保险公司制作本公司的互联网网络营销主页和某一险种的开发和研制工作一样，在正式落实之前也应当结合和分析市场定位来制定方案。保险公司需要明白清晰的市场定位，如公司计划借助互联网网络营销达到什么目的、如何实现、覆盖面有多广等。只要明确了这一系列因素，就明确了针对的目标群体是什么样的，之后就可以决定保险公司营销主页的设计模板和包装风格，以及具体使用什么样的技术手段来完成等。保险公司营销主页的内容要想吸引充足的客户，首先要做到内容充实且具有创新内容，这种创新不能是一时的，要保持长久的新意。但此处很难就"创新"给出具体的标准，每个保险公司都需要从企业自身的固有特点出发，为企业量身打造最为匹配的主页。总的来说，优秀的保险营销主页都应当符合一个标准，访问者在浏览这个主页的头版内容时就会被吸引大部分的注意力，有兴趣看完其他的内容，并在此过程中逐渐成为营销主页的常客，乃至成为保险公司的潜在客户。

2. 推广因特网地址和保险营销主页

保险公司如果想要吸引大量的网络用户访问其设计和推广的互联网保险营销主页，就要通过各种渠道，让不同的网民接触这个主页并产生兴趣。目前，互联网上主要有两种推广企业主页的有效方案：一种是基于一些公众媒体渠道推广网站，如地方上的日报、晚报、杂志等大众刊物，还可以在本公司内组织专门的宣传部门，编写和印发各种与本公司业务内容和实力有关的宣传材料，其中包括信封、保险建议书等；还有一种更为长远的方法，就是在国内外的著名搜索引擎网站上为公司注册账号，搜索引擎是互联网上专门供人们查找网络主页的站点，人们十分熟悉的谷歌（Google）和雅虎（Yahoo）都属于此类。目前互联网上有可以在世界范围内的 34 个著名搜索引擎上向客户提供免费注册服务的站点，叫作 Add Web，还有一些专门提供类似服务的软件（如 Add Web Pro），能够在全世界多达 147 个搜索引擎上使用注册账号。综上所述，通过公众媒体和搜索引擎两种方式，人们可以随时随地通过互联网接触和浏览保险公司的营销主页，根据自己的喜好访问站点，从而成为保险公司的潜在客户。

保险公司在开展网络营销活动时，还需要提供专门的人力物力进行配合，并且向网上客户的咨询、建议和批评及时提供反馈信息，完善和提高营销服务工作的质量。另外，还应当紧密关注网上客户的要求、分析、评价和访问次数等信息的变化情况，及时进行下一步工作安排，随时调节网上的营销策略。21 世纪的商业保险公司需要面对和处理一些全新的事物，就是网上逐渐成形的保险营销新概念，这种新概念对企业的发展来说不仅相当重要，也会对开展保险公司电子商务发挥十分关键的作用，一旦保险公司充分发挥计算机网络的优势，紧密联系自身的业务架构和分布在全国各地的客户和营销途径，实现多方面的有机整合，通过互联网直接实现从核保到核赔的全面保险业务流程，这就意味着它不仅落实了保险公司的电子商务发展目标，而且还能在激烈的保险领域内把握住充分的竞争优势，为自身的发展争取更为广阔的发展前景和道路。

三、我国网上保险业的发展

（一）我国保险业实施网上保险的必要性与可行性

在多年的发展历程中，中国保险行业已经逐渐形成了一套完整且较为高效的营销机制与模式。尤其是近年来保险代理人团队的迅速扩张，为保险行业提供了越发壮大的有生力量，这些新一代保险从业人员接受了系统而完善的保险业务培训，从而投身中国保险行业，在保险营销的前线阵地奔走服务，为行业带来了更加鲜活的能量。但是与行业的蓬勃发展并进是必然日趋激烈的保险市场竞争，在信息时代全面来临之际，电子商务展现出了越来越突出的优势，并且正逐渐取代传统的线下商务活动，成为经济发展的崭新形式。就此，我们应当充分认识信息技术在经济竞争中的无限潜力，并致力改变当下我国单一的线下保险营销模式，在保险商务活动中引入电子商务这一新兴形式，让保险公司在未来不断激烈化的保险市场竞争中具备更加强大的服务能力和抗压能力，从而应对未来市场可能出现的各种重大挑战。

目前，我国一些居民具有较高保险观念的地区因为保险主体总数的不断增加，使得可供保险公司开拓的市场越来越有限，最终让保险代理人在不断激烈的从业竞争中处于劣势，甚至拔高行业的平均门槛。再加上城市居民往往居住在相对封闭的楼房环境中，由于周边环境以及所受教育观念的影响，对陌生访客持有较高的戒备心理，因此营销员的业务难度会更高。针对这样的情况，保险行业必然需要发明并且推广一种受空间和观念限制小、方便广大城市居民接受的保险推销手段，而电子商务正好能有效解决上述的一系列问题，为城市保险营销业务的开展创造了一种十分合适的推销方式。

目前，白领阶层的人士在我国购买保险的全部用户中占大多数，这个群体一般拥有比较稳定的个人收入，接受过一定的文化教育，文明素质程度比较高，所以较其他人群有着更强的投保观念。但白领阶层人士，尤其是年轻人往往又不喜欢经常受到他人打扰，所以传统的上门拜访推销形式并不适用于这一人群，甚至有可能适得其反，引发潜在客户的反感情绪。不过，白领阶层作为各个社会经济部门内的中坚力量，一般会掌握比其他部门成员更先进、更优质的现代化通信手段，所以对他们来说，更容易接受电子商务的推销手段，也更容易通过该推销手段缩减距离感。所以未来有望成为电子商务主要受众群体的也必然是白领阶层人群。此外，保险公司还可以借助设计和传播具有本公司特色的网络广告来增强本公司的影响力、扩大在网络世界中的影响范围，使更多网络用户了解本公司所提供各种类型的险种，并使其逐渐产生兴趣。同时通过本公司的网站开展各项保险业务，如险种咨询、险种销售、保险索赔等。目前，国外已有许多保险公司大范围应用这种保险营销手段，而且已经收获了十分理想的经济成效。美国的部分保险公司已经可以借助电子商务实现自身利润的大幅度提升，并长期保持着稳定而有力的发展趋势。中国保险领域的电子商务也同样可以借鉴这些正面的例子，从而在未来的发展中寻求一条适合自身的理想道路。

许多既成事实都证明，保险公司将电子商务投入业务领域不仅可以使公司自身收获巨大的经济效益，还能带来十分可观的社会效益。首先来说，电子保险业务可以减少许多传统保险推销模式的中间流程——如保险代理人、经纪人等中介要素，这样就可以极大地降低保险公司的运营成本，从而显著提升公司可收获的总利润；其次，一旦通过电子商务节省了作为人力资源业务员的时间和精力，保险公司就可以让更多的保险代理人到更加广泛的城郊地带接触大范围的普通居民，拓宽公司的业务范围，让保险公司逐渐走向更加广大的社会市场。

现如今，中国的通信业取得了高速稳定的长足发展，居民开始熟知和应用各种现代化的通信手段，信息技术也随着科技水平的进步而快速发展，尤其是因特网、ISDN、ATM等技术的推广让广大普通居民得以通过相当便捷的途径登记入网，成为新生网民。许多城市都已经大范围普及了网上购物、网上求职等网上生活渠道，并受到广大市民的认可，这些事例都反映出电子商务在保险业推广方面的可实践性。

（二）中国发展网上保险业的对策

就目前的来说，中国尚不具备全方位推广和完全应用网上保险的条件，不过国内有一部分保险公司已经着手进行该方面的尝试。例如，在1998年，新华人寿保险公司第一次实现了网上投保人寿保险的成功案例，这表明信息技术在中国的保险行业内存在着巨大的可能性，中国保险市场即将迎来全面网络化的机遇。网上保险模式的推广会从根本上改变行业内原有的保险运行模式，各大保险公司不需要在全国各个地区安排繁多的机构，只需凭借网站服务就可以实现原先需要实地操作的烦琐手续。网上保险能打破异地承保这道保险公司和投保客户之间的屏障，从而向保险管理的区域化改革目标迈出更加长远、更有推动性意义的一步。所以，努力实现和拓展信息技术与保险业的有机结合对未来的行业发展有着极其重大的意义，能创造出难以想象的远大前景。

在资金和筹集上，各大商业保险公司要想最终从电子保险行业中获益，都应该将一部分资金投入保险网站的建设中，完善和推广自身的电子平台服务，向广大潜在投保人群介绍和推广自己打造的网址以及产品的商标注册，在网络世界内充分地树立并精心打造本企业的"电子保险公司"品牌。还可以借助各种网络宣传方式——公告牌（BBS）和电子信箱（电子邮件）等，让尽可能多的网民通过这些途径接触和了解本公司的品牌、经营险种、签单方式等内容，借此一点点来实现"电子保险公司"在网络世界知名度的提升，为公司创造更有力的影响，使公司未来的电子商务事业在更加稳固的基础之上平稳发展。

保险公司可以挂靠或联手一些声望与可信度都更高的国内网络热线（如瀛海威、上海热线等网络服务公司），与公司达成协议，通过这些热线来开设专门的保险栏目，让网络热线的用户成为潜在客户，借助这一网络途径能十分便捷地进行保险咨询以及同保险密切相关的服务，同时做到货比三家，非常直观地熟悉和掌握不同公司的险种情况，在此前提下实现方便快捷地选择适合本人情况的险种。

保险公司可以通过网络平台进行各种公司业务，如保单直销和保险理赔等。在国外的许多地区，各大保险公司已经较为广泛地落实了这些保险业务，而且其中许多公司已经取得了相当理想的成效。在当下的信息时代，中国的互联网技术正进行着迅速而长足的发展，因此关于网络管理、网络权益和网络安全的法规也应该尽快建立健全，为电子保险提供更有力的保障，确保各保险公司在不久的将来能借助网络平台不受空间约束且更加安全可靠地开展电子商务，拓宽公司的业务范围。

保险公司可以借助互联网技术与更多的同行企业，甚至是国外的保险公司实现业务沟通和经验分享，尤其是在网络技术持续深远发展的信息时代背景下，保险公司可以借助信息技术很轻易地实现一系列业务内容，如培训工作、发送和接受各类文件与材料等，这对保险公司的未来发展来说可以称得上是一种强大的技术支持。

不过目前，电子商务领域仍然有很多无法忽视且亟待解决的重大问题，如防止和打击网络犯罪、保障和维系保险公司内部的流程运作安全、公司机要信息保密工程、防控网络诈骗索赔行为等，这些对保险公司和投保用户的经济安全乃至个体安全来说都是不可小觑的隐患。虽然眼下电子商务在中国的各大保险公司中仍然处于事业初期的探索阶段，不过，我们依然有理由相信，在不远的未来，中国的保险行业将在作为新生业务模式的电子商务的引领和开拓下，迎来更加广阔的发展方向和更加光明的发展前途,电子商务必将在中国保险业领域中成为一个势不可挡的领军行业。

(三) 我国首家电子商务保险网站的运作

1. 个人与企业全能网上投保

凭借资金和技术上的显著优势,朗络电子商务有限公司有效地为电子商务的长足发展解决了前述的一系列难题,并和中国太平洋保险公司开展合作,在全国范围内首先推出了一家电子商务保险网站,这就是人们常说的"网险"。这家网站的意义在于,它实现了最先进的商务方式——电子商务与传统模式下缺少信息技术手段支持和维护的保险连接,这可以被认为在我国现有的保险业内掀起了一次开创性的变革浪潮。此外,"网险"网站的开设使我国保险业在同国际水平接轨的道路上迈出了具有建设性意义的一步。

眼下,"网险"网站所提供的业务主要分为两大类:网上个人保险和网上企业(团体)保险,涉及30多个险种。有实时核保、实时认证、在线投保、在线支付等多项业务可以供客户选择。客户可以从自身的需要以及所投险种的实际情况出发,在"在线投保、实时核保"和"在线投保、延时核保"两种投保方式之间进行选择。这两种投保的方式又各有区别。"在线投保、延时核保"与实时核保的主要区别在于,客户可以在递交投保单之后离线等待,等到方便的时候再到"网险"网站的"投保记录查询"区查看自己核保的状态。一旦客户在"网险"网站投保,就会有专人将所有经保险公司签发的保单送至投保人处。

"网险"的功能和服务覆盖了网上投保、实时核保、实时认证、在线支付等方面,并且为客户24小时提供全方位的细致服务,可以让投保人足不出户即可借助网络手段自由地选择险种投保,方便迅速地完成投保过程。"网险"同首批入驻电子保险行业的中国太平洋保险公司(北分)进行全方位合作,并一同推出了两个主要保险业务,即网上个人保险和网上企业(团体)保险。前者主要包括机动车辆保险、家庭财产保险、房屋保险、出国人员人身意外伤害保险、家庭人身意外伤害保险、学有所成两全保险;后者涉及面更广,主要包括财产险、财产一切险、财产保险基本险、财产保险综合险、机器损坏险、利润损失险、机损利损险、现金保险、电脑保险、公众责任险、雇主责任险、产品责任险、展览会责任保险等几十个险种。但是，"网险"的业务还不仅局限于此，在提供基本保险服务的同时，还会以电子杂志的形式提供有关保险行业的最新资讯、行业新闻、专家论坛、答疑解惑、特别手册、经典案例分析、保险用语释义等内容，使投保人在选择险种之前接收和了解关于保险的知识，脱离传统投保模式下的保险误区与风险。

2. 网上保险安全有保证

对安全认证问题，朗络借助目前国际通用的 SSL 加密传输技术以及 SET 安全认证技术，全面保护商务活动中的关键信息，对其展开全面的安全认证，通过加密手段传输信息，保障网上交易的安全性和可靠性。

对借助因特网实行保险营销这项业务，不管是目前我国所掌握的计算机技术程度还是因特网的应用与受众基础都完全符合要求，因此互联网保险营销行业的推广对于如今的中国社会来说十分现实。新生网民群体普遍拥有年轻、受教育程度高、文化素养高、有一定收入来源、能较快并且乐于接受新鲜事物等优势，这些网民都可以说是保险营销行业的潜在客户群体。所以，保险公司若希望最大限度地争取市场份额，就应该当考虑根据当下网络市场环境制订一套适合的网上营销策略，这对争取和维护保源有着相当重要的意义。

参考文献

[1] 熊岩.跨境电子商务物流模式的创新趋势［J］.中国商界，2022（06）：72-73.

[2] 卢宇.电子商务发展、经济政策不确定性与商贸流通企业创新［J］.商业经济研究，2022（11）：83-86.

[3] 陈陶然，彭越.电子商务发展与农村中小企业创新［J］.西北农林科技大学学报（社会科学版），2022，22（01）：98-105.

[4] 林月珍.电子商务创业人才校企合作协同育人的创新与实践［J］.产业与科技论坛，2021，20（24）：90-91.

[5] 彭静.刍议农村电子商务存在的问题与模式创新［J］.中国储运，2021（11）：87-88.

[6] 李云霞.市场营销在电子商务推动下的创新发展［J］.中国市场，2021（27）：130-131.

[7] 王嘉丽，宋林，张夏恒.数字经济、产业集聚与区域电子商务创新效率［J］.经济问题探索，2021（09）：156-165.

[8] 程一珊，于僖瑞.电子商务环境下的农产品物流管理创新策略研究［J］.山西农经，2021（09）：171-172.

[9] 曲维玺，王惠敏.中国跨境电子商务发展态势及创新发展策略研究［J］.国际贸易，2021（03）：4-10.

[10] 徐向龙，侯经川.电子商务发展、私营制造业集聚与区域创新效率［J］.科技管理研究，2020，40（22）：159-167.

[11] 林莉.互联网时代下生鲜农产品电子商务运营模式创新研究［J］.农业经济，

2020（06）：139-141.

[12] 杨优兰.电子商务发展对制造业出口竞争力的影响研究［D］.郑州：河南财经政法大学，2020.

[13] 李映辉.电子商务环境下零售企业管理模式创新研究［J］.商业经济研究，2019（08）：111-114.

[14] 张晓芹.基于大数据的电子商务物流服务创新［J］.中国流通经济，2018，32（08）：15-22.

[15] 王丰.电子商务对市场营销创新性发展的影响［J］.商业经济研究，2017（03）：78-80.

[16] 赵爱香.电子商务环境下物流管理创新发展路径研究［J］.改革与战略，2016，32（12）：67-70.

[17] 邵鹏，胡平.电子商务平台商业模式创新与演变的案例研究［J］.科研管理，2016，37（07）：81-88.

[18] 聂林海.我国电子商务创新与规范发展［J］.中国流通经济,2016,30（06）：52-57.

[19] 李红.中美互联网企业商业模式创新比较研究［D］.北京：中国科学院大学（经济与管理学院），2011.

[20] 谢东升."互联网+"现代农业的创新发展机制研究［D］.贵阳：贵州大学，2016.

[21] 董一臻.跨境电子商务海关监管探究［D］.北京：首都经济贸易大学，2016.

[22] 李泽东.电子商务发展对我国国际贸易影响的实证研究［D］.杭州：浙江理工大学，2016.

[23] 张娜娜.电子商务模式创新关键成功因素的概念模型［J］.技术经济，2016，35（02）：29-33.

[24] 申静，耿瑞利，谷明.中国B2B电子商务业的服务创新能力评价［J］.情报科学，2016，34（02）：3-8，14.

[25] 冀芳，张夏恒.跨境电子商务物流模式创新与发展趋势［J］.中国流通经济，

2015, 29（06）：14-20.

[26] 林小兰. 电子商务商业模式创新及其发展［J］. 现代经济探讨, 2015（06）：28-31.

[27] 王莎莎. 我国O2O电子商务模式发展研究［D］. 济南：山东师范大学, 2015.

[28] 王睦欣. 全球电子商务发展新态势与中国电子商务创新发展［D］. 长春：吉林大学, 2015.

[29] 郑称德, 王倩, 刘浣潇, 倪亮亮, 吴宜真. 电子商务市场特征对产品创新影响的实证研究［J］. 管理科学, 2014, 27（06）：90-102.

[30] 屠建平. 基于电子商务平台的供应链融资收益研究［D］. 武汉：武汉理工大学, 2013.